청소년

성경통독

2

청소년 **성경통독** ❷

초판 1쇄 발행 2009년 7월 6일
6쇄 발행 2019년 8월 30일

지은이 · 조병호
펴낸곳 · 도서출판 **통독원**

주 소 · 서울시 강남구 선릉로 806
전 화 · 02)525-7794 / 팩 스 · 02)587-7794
홈페이지 · www.tongbooks.com
등 록 · 제22-2766호(2005.6.27)

ISBN 978-89-92247-36-8 04230
ISBN 978-89-92247-34-4 04230 (세트)

청소년

성경통독

2

조병호 지음

통독원

머리말

저의 삶의 주안점은 성경통독과 기쁨실천, 그리고 신앙계승입니다. 매년 두 차례씩 실시해 오고 있는 '숲과나무성경통독 청소년캠프'는 신앙계승을 위한 저의 중요한 사역입니다. 그동안 많은 분들의 요청이 있었는데 이제야 '청소년 성경통독'을 내놓게 되었습니다. 10대 친구들에게 하나님의 말씀을 어떻게 하면 좀 더 효과적으로 전할 수 있을까에 대한 고민이 많았기 때문입니다. 이 자리를 빌려 성경에 대한 저의 다섯 가지 생각을 함께 나누고 싶습니다.

첫째, 성경은 얇은 책입니다.

하늘을 두루마리 삼고 바다를 먹물 삼아도 다 기록할 수 없는 그 무한한 사랑과 진리를 담은 책의 두께치고는 무척 얇습니다. 그래서 부분이 아닌 전체로 읽습니다.

둘째, 성경은 소리 내서 읽을 만한 유일한 책입니다.

성경을 소리 내어 읽으면 말씀이 더욱 생생하게 느껴집니다.

그래서 문자로 읽고 음성으로 읽습니다.

셋째, 성경은 1년에 10번 통독할 책입니다.

성경을 읽으면 읽을수록 우리의 믿음이 자랍니다.

하루 1시간 30분이면 누구나 1년에 10번 성경을 읽을 수 있습니다.

넷째, 성경은 동서양이 담긴 책입니다.

성경은 온 세상을 담고 있습니다.

그래서 서양의 분석적 방법과 동양의 전체적 방법을 통으로 읽습니다.

다섯째, 성경은 하나님의 마음이 담긴 책입니다.

성경은 그 시대마다 함께하신 하나님의 진실이 담겨 있습니다.

그래서 성경을 역사 순으로 살펴 하나님의 마음을 읽습니다.

부디 이 '청소년 성경통독' 으로 인해 사랑하는 10대 친구들과, 귀한 청소년부 지도교사님들과 교역자님들께 작은 보탬이 되기를 기도합니다.

2009년 여름에

목차

2권

1권

판 스물다섯

북왕국 이스라엘의 왕들과 선지자

25

북이스라엘의 왕, 여로보암 2세의 시대는
이스라엘 역사상 매우 번영했던 시대였으나,
하나님의 공과 의는 실현되지 못했던 시대다.

북왕국의 왕이었던 여로보암 이후 쿠데타에 의해서 왕이 된 오므리는 오므리 왕조를 열었다. 오므리 왕 때 북왕국은 사마리아를 수도로 삼는다. 오므리 왕의 아들은 그 유명한 아합이다. 오므리는 자신의 며느리로 시돈에서 공주였던 이세벨을 데려왔다. 그런데 이세벨은 북왕국 이스라엘로 시집오면서 친정에서 바알 신앙을 가지고 들어온 것이다. 이세벨의 바알 전도가 얼마나 열심이었던지 북왕국 전체가 짧은 시간 안에 바알 신앙으로 가득 차게 된다. 오므리가 죽고 아합이 뒤를 이어 북왕국의 왕이 되자 이세벨의 전횡은 더욱 심해졌다.

이때 하나님께서 보내셨던 선지자가 엘리야이다. 엘리야는 바알을 섬기는 북왕국의 잘못을 드러내기 위해 갈멜 산에서의 대결을 신청한다. 바알과 하나님 중 누가 진짜 신(神)인지를 증명해 보자는 대결이었다. 바알 선지자 450명과 엘리야의 대결을 통해 하나님께서 하나님의 제단에 불을 내리시고 바알 선지자 450명을 한자리에서 모두 죽이신다. 이렇게 엄청난 일이 벌어졌음에도 불구하고 아합 왕의 왕비 이세벨은 전혀 동요하지 않고 오히려 엘리야를 죽이려 한다. 이 시대가 얼마나 악하고 무서운 시대였는지 보여 주는 일이다.

나봇의 포도원 사건 또한 아합 왕 시대의 불의함을 단적으로 보여 주는 예이다. 아합이 나봇의 포도원을 욕심내자 이세벨은 불량배들을 시켜 죄 없는 나봇을 돌로 쳐 죽이고 그 포도원을 빼앗았다. 나라의 공의와 정의는 땅에 떨어지고 바알 우상만이 나라 전체를 휩쓸고 있었던 것이다. 처음에 나봇의 포도원을 보고 마음을 빼앗긴 아합은 나봇에게 포도원을 사겠다고 했다. 그러나 나봇이 이 일을 거절했다. 왜냐하면 땅은 하나님의 것이고 포도원의 경작권만이 나봇의 것이기 때문에 나봇은 하나님의 법에 의해 그 땅을 팔 수 없었던 것이다. 나봇이 하나님의 법을 말하면서 자신의 말을 듣지 않자 아합의 부인 이세벨이 나봇을 죽였던 것이다. 하나님께서 기대하셨던 나라의 모습은 찾아볼 수 없게 된 것이다. 이후 아합과 이세벨이 죽고 아하시야가 북왕국 이스라엘의 왕이 된다.

이세벨의 바알 선지자들과 목숨을 걸고 싸웠던 엘리야의 뒤를 이어 엘리사 선지자가 사역을 시작한다. 그 당시에 엘리사의 제자들이 얼마나 가난하고 어려웠던지 도끼를 빌리러 다니고 빌린 도끼가 물에 빠져서 결국은 물 위로 떠오르는 기적이 일어나야 하는 일이 벌어진다. 엘리사 시대에 많은 기적이 일어나는데 이때에 일어난 기적도 중요하지만, 기적이 일어나지 않으면 안 되는 이 시대가 처한 어려움을 알아야 한다.

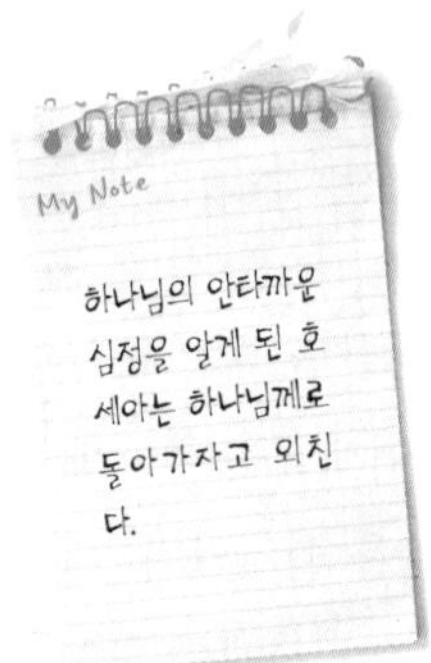

아하시야 이후 하나님께서는 오므리 왕조를 폐하시고 예후라는 장수를 통해 새로운 왕조를 여신다. 예후에 이어 여호아하스, 요아스, 여로보암 2세로 이어지는 북이스라엘 예후 왕조도 다윗의 길이 아닌 여로보암 1세의 길을 따른다. 북이스라엘의 13대 왕인 여로보암 2세의 시대에는 이스라엘 역사상 매우 번영했던 시대였으나, 하나님의 공과 의는 실현되지 못했던 시대다.

여로보암 2세 때 북왕국 이스라엘은 가난한 자들에 대한 부자들의 악행이 가장 극심했던 때였다. 부자들은 가난한 자들의 이불과 같은 겉옷까지 다 빼앗아 갔고 율법에 있는 대로 해가 지기 전에 돌려주어야 할 겉옷을 돌려주지도 않았다. 가난한 자들이 밤에 이불로 쓰던 겉옷을 빼앗겨 추위에 고통받고 있을 때, 부자들은 여름 궁과 겨울 궁을 따로 지어 살면서 상아 침대에 누워 살찐 양고기를 먹고 포도주를 마시며 비파와 수금을 타고 즐기며 살았다.

그러자 하나님께서 여로보암 2세 때에 잘못된 북왕국을 지적하시기 위해 아모스와 호세아를 보내셨다. 그리고 앗수르를 위해 요나 선지자를 보내셨다. 하나님께서는 아모스 선지자를 통해 부자들의 잘못을 지적하며 "오직 정의를 물 같이, 공의를 마르지 않는 강 같이" (암 5:24) 흐르게 하라고 명령하신다. 그러나 북이스라엘 사람들은 아모스가 전하는 하나님의 말씀에 귀를 막는다.

호세아 선지자는 하나님께서 명령하신 음탕한 여인과의 결혼 생활을 통해서 하나님의 사랑을 깨닫게 된다. 호세아는 바알과 아스다롯을 섬기는 고멜이라는 여인을 아내로 맞이한다. 순결한 남편 호세아는 부도덕한 여인 고멜을 정성껏 사랑하고 아껴 주지만, 고멜은 호세아를 버리고 바알과 아스다롯 신전으로 가서 음란한 행위를 계속한다. 그리고 다른 남자와 생활을 하는 것이다.

하나님께서는 호세아에게 고멜이 살고 있는 다른 남자에게 돈을 지불하고 고멜을 찾아오라고 명령하셨다. 이것은 끊임없이 우상을 섬기는 북이스라엘 사람들에게 하나님께서 대가를 치르고 다시 하나님께로 돌아오라는 당신의 사랑을 표현하신 것이다. 호세아는 자신의 결혼 생활을 통해 하나님의 이 안타까운 심정을 알게 된다. 그리고 북이스라엘 사람들에게 하나님께로 돌아가자고 목 놓아 외친다.

또한, 하나님께서는 북이스라엘을 괴롭히고 있는 앗수르의 수도 니느웨에 하나님의 사람 요나를 보내서 그곳 사람들도 구원하시고자 한다. 앗수르는 하나님의 긍휼하심을 입어 구원을 받지만 이후에 다시 하나님을 거역하여, 멸망하게 될 것을 나훔 선지자를 통해 선포받는다.

이렇게 북왕국 이스라엘의 19명의 왕들은 끊임없이 하나님께 반항하고 우상을 섬기며 가난한 자들을 괴롭혔다. 하나님께서 북왕국에 보내셨던 선지자들을 다시 정리하면 엘리야, 엘리사, 아모스, 호세아이다. 이후 북왕국은 하나님의 몽둥이 앗수르에 의해서 B.C.722년에 멸망하게 된다. 앗수르는 북왕국의 반란을 막기 위해 사마리아에 다른 정복 도시의 사람들을 강제로 이주시킨다. 이 정책을 통해 결국 북왕국의 열 지파는 혼혈 민족이 되었다. 그리고 남유다의 두 지파(유다 지파와 베냐민 지파) 그리고 이 두 지파에 흩어져 있던 일부 레위 지파만이 이스라엘 민족으로 남게 된다. 북왕국은 앗수르에 의해 나라가 망하면서 이렇게 역사 속으로 사라지게 된다.

예수님 시대에 사마리아가 그토록 멸시받았던 이유는 앗수르의 혼혈 정책으로 민족의 순수성을 잃었기 때문이다. 그래서 우리 예수님은 늘 사마리아 사람들을 불쌍히 여기셔서 도우려 하셨던 것이다. 선한 사마리아 사람 이야기의 배경도 이러한 이유이다. 예수님께서 유언으로 "예루살렘과 온 유대와 사마리아와 땅 끝까지" 라고 사마리아를 언급하신 이유는 사마리아에 복음이 들어가지 않을 것을 걱정하셨기 때문이다.

* **북이스라엘의 19명의 왕들 :** 여로보암 1세, 나답, 바아사, 엘라, 시므리, 오므리, 아합, 아하시야, 여호람, 예후, 여호아하스, 요아스, 여로보암 2세, 스가랴, 살룸, 므나헴, 브가히야, 베가, 호세아

오늘 이 시대에 하나님께서 나에게 하시는 말씀은 무엇인가요?

북이스라엘을 바라보시며 느끼셨을 하나님의 마음은 어떠하셨을지 적어 보고, 하나님의 마음을 헤아린 선지자의 마음으로 말씀을 소리 내어 읽어 봅시다.

판 스물여섯

남왕국 유다의 왕들과 선지자

26

남왕국 유다가 바벨론에 의해
멸망할 것을 예언한 선지자 예레미야는
그 이유의 근거를 레위기로부터 가져온다.

남왕국 유다의 다섯 번째 왕인 여호람(요람)이 북이스라엘 아합의 딸인 아달랴와 결혼하게 되면서 남왕국의 형편도 크게 달라진다. 이 결혼으로 말미암아 우상숭배에 찌들어 있는 북이스라엘의 죄악이 남유다로 퍼지게 된다. 아합의 딸인 아달랴는 남편 여호람과 그의 뒤를 이어 왕이 된 아들 아하시야를 자기 마음대로 움직여 남왕국 유다 전체에 바알 신앙을 퍼뜨린다. 그리고 자기의 아들 아하시야가 죽자 스스로 왕이 되어 다윗의 후손들을 진멸하려고 한다.

아달랴가 모든 왕자들을 죽이려고 하는 상황 속에서 제사장 여호야다의 아내 여호세바가 왕자 요아스를 빼내어 아달랴 몰래 6년을 키

운다. 결국 아달랴가 폐위되고 여덟 살의 왕자 요아스가 왕위에 오른다. 요아스는 자기를 구해서 길러 주었던 제사장 여호야다 덕분에 하나님과의 언약을 새롭게 하고 성전도 고치며 다윗의 길로 간다. 그러나 여호야다가 죽고 난 후 남유다는 안타깝게도 또다시 악의 길로 달려간다.

이후 남유다는 아하스 왕 시대에 최악의 시기를 맞이한다. 당시, 어려운 국제 정세 가운데 아하스 왕은 하나님을 믿고 의지하라는 이사야 선지자의 충고를 무시하고 자기 생각대로 힘센 나라에 아부하는 정치를 편다. 북왕국의 아합 왕 때 엘리야 선지자가 활동했듯이 남왕국 유다에서는 아하스 왕의 통치 때 이사야 선지자가 활동했다.

아하스가 죽고 25세의 나이로 왕이 된 히스기야는 이사야 선지자의 조언을 듣고 하나님을 선택한다. 북왕국을 멸망시킨 앗수르가 남왕국까지 쳐들어와 18만 5천 명의 군대로 예루살렘을 위협하지만 히스기야는 이사야의 충고대로 기도하여 하나님의 도우심을 받고 나라를 구한다. 앗수르를 물리쳤다는 소문이 퍼지고 당시의 신흥 세력인 바벨론에서 사신을 보내자 히스기야는 우쭐해져서 하나님의 도우심은 이야기하지 않고 자신의 자랑을 늘어놓는다. 이 일은 매우 어리석은 일이고 결국 남왕국 유다가 바벨론에 의해서 망하게 되는 길을 트는 것이었다.

이사야는 66장이나 되는 긴 예언서를 기록하였는데 이사야서는 조금 어렵지만 우리 친구들이 자세히 읽어 본다면 세계를 경영하시는 하나님의 통치를 배울 수 있다. 그리고 당시에 이사야가 얼마나 대단했던 국제정치학의 대가였는지도 알 수 있다. 하나님의 사람들은 늘 역사의 한가운데서 하나님이 주신 지혜로 큰 그림을 그릴 수 있는 것이다.

그리고 이사야서에는 오실 우리 예수님에 대한 모습도 보여 주고 있다. 이사야 9장에서는 강하고 능력 있는 우리 예수님의 모습을, 그리고 이사야 53장에서는 연약한 순 같은 우리 예수님의 모습을 보여준다. 이 두 가지 예수님의 모습을 묶어서 함께 볼 줄 알아야 한다.

남왕국 유다에서는 이사야에 이어 미가 선지자가 활동한다. 미가 선지자는 예루살렘의 죄악 된 모습을 지적하고 바벨론에 포로로 잡혀가서 훈련받은 후 다시 돌아와 나라를 이룰 것을 예언한다. 그리고 미가 선지자는 베들레헴이라는 작은 마을에서 이스라엘을 다스릴 큰 자가 나올 것을 예언한다. 이 예언은 이후에 우리 예수님이 탄생하실 곳을 알려 주는 말씀이 된다.

히스기야에 이어 므낫세가 왕이 되고 이어서 아몬이 왕이 되고 또 이어서 요시야가 왕이 된다. 요시야는 오랜만에 하나님의 뜻에 합하는 왕이었다. 여덟 살에 왕위에 올라 31년간 나라를 다스린 요시야는 제사장 힐기야와 더불어 성전에서 우상들을 모두 치워 버리는 청소를 한다. 요시야는 왕이 된 지 12년째와 18년째 두 번에 걸쳐 종교개혁을 일으키고 백성들에게 성전에서 발견한 율법 책을 읽어 주며 하나님의 계명과 법도와 율례를 지키게 한다. 요시야는 남왕국 유다의

20명의 왕들 중 가장 성실하게 율법을 지키려고 노력했던 왕이다.

My Note

하나님께서는 인내하는 사람들이 다시 하나님의 백성이 되기를 기대하신다.

요시야 왕 때 활동했던 선지자는 스바냐이다. 스바냐는 사람들의 죄로 인해 임하게 된 여호와의 심판의 날에 대해서 이야기한다. 그러나 하나님의 명령을 따른다는 이유로 온갖 고난을 당하는 사람들에게 끝까지 인내하기를 권한다. 하나님께서는 그 인내하는 사람들이 다시 하나님의 사람이 되며 그들이 하나님의 백성이 되는 아름다운 관계를 기대하신다고 말한다.

남유다가 점점 망해 가는 상황에서 하박국 선지자와 나훔 선지자와 요엘 선지자가 활동한다. 그리고 유다의 마지막 왕인 시드기야 왕 때는 예레미야 선지자와 오바댜 선지자가 활동한다. 남유다는 결국 B.C.589년 바벨론에 의해 멸망한다. 바벨론은 앗수르와 달리 혼혈 정책을 펼치지 않고 오히려 자기 나라로 인재들을 끌어가는 정책을 편다. 바벨론은 1차로 다니엘과 같은 10대 청소년들을 끌어가고, 2차로는 에스겔과 손재주 있는 일만 명의 사람들을 끌어간다. 그리고 예루살렘이 완전히 함락된 후, 유다에는 농사지을 소수의 사람만 남겨 놓고 대부분 끌어간다.

이렇게 북왕국 이스라엘에 이어 남왕국 유다도 바벨론에 의해 망하는데 하나님의 선지자 예레미야는 특히 남왕국 유다가 망하는 이유의 근거를 레위기로부터 가져온다. 예루살렘이 지난 세월 동안 안식일과 안식년과 희년을 지키지 않은 날들을 계수해 보니 그 날들이 70년이라는 것이다. 그래서 하나님께서는 예루살렘의 70년의 안식을 위하여 바벨론과 페르시아 포로 기간을 70년으로 정하셨다는 것이다. 70년 후를 기약하며 북왕국 이스라엘에 이어 남왕국 유다도 이렇게 문을 닫는다.

* **남왕국 유다의 20명의 왕들 :** 르호보암, 아비얌, 아사, 여호사밧, 여호람, 아하시야, 아달랴, 요아스, 아마샤, 아사랴(웃시야), 요담, 아하스, 히스기야, 므낫세, 아몬, 요시야, 여호아하스, 여호아김, 여호야긴, 시드기야

사람들마다 좋고, 나쁜 것을 판단하는 데 기준을 세워 둡니다.
나는 어떠한 것에 기준을 두고 좋고, 나쁜 것을 판단하나요?

다윈의 길과 여로보암의 길이 어떻게 다른지 생각해 보고,
나는 어떤 기준에 서고 싶으며 그 기준에 서기 위해
노력할 것은 무엇인지 적어 봅시다.

판 스물일곱
북왕국 이스라엘과 앗수르 제국

27

북왕국 이스라엘과 앗수르 제국 때,
세계를 경영하신 분은 하나님이시다.
그 하나님께서는 21세기 지금도 세계를 경영하신다.

북왕국 이스라엘은 B.C.722년 앗수르 제국에 의해 망한다. 앗수르 제국은 자신들의 제국을 유지하는 방법으로 혼혈 정책을 편다. 보통 남의 나라를 침략할 경우에는 그 나라의 좋은 것들을 빼앗아 오는 것이 일반적이다. 그런데 장기적인 계획을 가지고 남의 나라를 속국으로 삼아 다스리려고 할 경우에는 좋은 것만 빼앗아 가는 것이 아니라 침략한 나라를 식민지로 삼는다. 이것이 제국주의다.

일본이 우리나라를 침략하여 일본과 한 나라가 되게 하기 위하여 이름도 바꾸게 하고 말도 일본말을 쓰게 했던 것을 기억해 보라. 그 때 일본은 영원히 한국을 다스릴 거라고 생각했던 것이다. 마찬가지로 앗수르도 북왕국 이스라엘을 영원히 다스릴 생각이었다.

그래서 앗수르 제국은 사마리아를 침략해서 북이스라엘 열 지파와 북이스라엘에 흩어져 있던 레위 지파의 순수 혈통을 모두 앗수르 제국 내의 여러 민족들과 섞어 버렸다. 이후 남유다는 유다 지파와 베냐민 지파 그리고 흩어져 있던 레위 지파가 남아 신약시대에는 이스라엘에 세 지파만 남게 된다. 예수님이 유다 지파이고 사도 바울이 베냐민 지파이며 마태복음의 저자 세리 출신 마태가 레위 지파인 것이 대표적인 예다.

앗수르 제국이 사마리아에 혼혈 민족을 만들어 놓아서 사마리아는 이후 이스라엘 역사에서 같은 민족 사이에서도 무시받는 지역이 된다. 남유다는 바벨론에 의해 망하지만 바벨론은 앗수르의 방식을 따르지 않기 때문에 남유다 사람들은 그들의 혈통을 유지한다. 그래서 70년의 포로 생활을 마치고 돌아와서도 남유다 사람들은 그들의 지파를 유지할 수 있었다.

그러나 사마리아 사람들은 이미 혼혈 민족이 되어 그들의 뿌리인 지파를 이야기할 수 없게 된다. 그래서 우리 예수님 시대에 사마리아 사람들을 무시하는 이야기들과 선한 사마리아 사람에 관한 이야기가 나타나는 것이다. 예수님은 부활하신 후, 제자들에게 이렇게 부탁하셨다. "예루살렘과 온 유대와 사마리아와 땅 끝까지 이르러 내 증인이 되라." 사마리아는 이렇게 특수한 곳이 된 것이다. 사도행전에서 보면 사마리아에 드디어 복음이 들어가게 되었다고 기뻐하는 장면이

My Note

좋은 것만 빼앗아 가는 것이 아니라 침략한 나라를 식민지로 삼는 것이 제국주의다.

나온다. 사마리아에 대한 이 모든 일들은 모두 앗수르 제국의 작품이다.

그러나 앗수르 제국은 선지자들이 이미 말했듯이 북왕국 이스라엘을 위한 하나님의 몽둥이에 불과했다. 그렇게 영원히 모든 제국을 다스릴 것만 같았던 앗수르도 결국 바벨론에 의하여 멸망하고 만다. 앗수르의 교만이 결국 패망에 이르게 된 것이다.

북왕국 이스라엘을 향한 하나님의 몽둥이였던 앗수르의 수도 니느웨에 하나님께서는 요나 선지자를 보내신 적이 있다. 그 때 하나님께서는 니느웨 성 사람들을 불쌍히 여기시며 구원해 주셨다. 그러나 그 후 앗수르의 교만이 날로 더해져 하나님께서는 나훔 선지자를 보내 결국 앗수르(니느웨)가 망할 것임을 선포하신다. 세계의 경영이 하나님의 손에 있다. 그 당시 세계를 경영하셨던 하나님께서는 21세기 지금도 세계를 경영하신다. 세계는 강대국의 힘으로 움직이는 것이 아니라 결국 하나님의 경영하심에 달려 있다. 우리 친구들은 하나님의 경영하심을 믿고 신뢰하며 따라야 한다. 그리고 하나님의 세계경영에 필요한 일꾼들로 쓰임 받아야 한다. 성경을 통해 하나님의 세계경영을 배우고 세계를 보는 눈을 띄어가는 우리 친구들로 준비되기를 소망한다.

새판 짜기

내가 생각하는 현재 이 세계를 움직이는 손은 무엇인가요?

이전에도, 지금도 세계를 경영하시는 분은 하나님이시라는 사실을 믿고 있나요? 세계를 경영하시는 하나님께 지금 내가 맡겨야 할 문제는 무엇인지 나눠 봅시다.

판 스물여덟

남왕국 유다와 바벨론 제국

28

다니엘은 강하고 힘센 바벨론에 끌려갔지만
10대에 뜻을 정해 친 바벨론주의가 아닌
친 하나님주의로 산다.

바벨론은 오늘날의 이라크이다. 다음 주에 공부하겠지만 페르시아는 오늘날의 이란이다. 바벨론은 앗수르 제국이 점령해 놓은 수많은 나라들을 통째로 한꺼번에 점령해 버렸다. 그리고 앗수르 때보다 제국의 범위를 더 넓혔다. 또 북왕국 이스라엘을 멸망시킨 앗수르는 그 힘으로 남왕국 유다를 삼키려 달려들었다. 그러나 바벨론에 의해 이 모든 것이 무너지게 된 것이다.

남유다의 예루살렘 성을 바벨론이 쳐들어와 포위하였다. 이때 유다는 시드기야 왕이 통치하고 있었다. 예레미야 선지자는 예루살렘의 70년 안식을 위해 유다 백성들이 바벨론에 포로로 다녀와야 한다는 사실을 알고 있었다. 예루살렘이 70년간 안식해야 하는 이유는 이미 말했다. 출애굽하여 가나안 땅에 도착한 후 하나님의 이름을 두려고 택하신 곳인 예루살렘에서 안식일과 안식년과 희년을 지키지 않은 날들을 모두 계수하였더니 70년이라는 것이다. 우리 하나님은 이렇게 계수하시는 분이시다. 이 사실을 알고 있던 예레미야는 하나님의 말씀에 순종하여 70년간 바벨론에 포로로 가서 훈련받고 돌아오라는 하나님의 말씀을 전했다.

그러나 시드기야 왕과 당시의 정치 권력자들은 예레미야의 말을 들으려 하지 않았다. 자신들의 권력을 놓치고 싶지 않았기 때문이다. 그리고 평소에 하나님의 말씀에 전혀 귀 기울이지 않고 살아왔으면서 나라의 위기 상황에 대해서는 하나님께서 도와주실 거라고 믿는 놀라운(?) 믿음을 발휘하고 있었다.

예레미야는 바벨론에게 최대한 빨리 항복하는 것이 좋다고 말했다. 그러면 예루살렘 성전도 불타지 않고 성벽도 무너지지 않으며 가난하고 힘없는 백성들도 최소한 목숨은 구할 수 있다는 것이었다. 그러나 시드기야 왕과 유다의 정치지도자들이 끝내 예레미야의 말을 듣지 않고 바벨론과 결사 항쟁을 주장했다. 1년 6개월간이나 예루살렘 성을 포위하고 있던 바벨론이 드디어 예루살렘 성을 함락했을 때는 분노를 극도로 표출할 수밖에 없었다. 바벨론은 어느 나라를 침략하더라도 이렇게 오래 버틴 나라를 본 적이 없기 때문이다. 오래 버틴 만큼 바벨론 군사들의 분노는 극심했고 그 결과는 유다 백성들에게 처참할 수밖에 없었다.

예루살렘 성을 함락한 바벨론은 성전을 불태우고 성벽을 부수고 부녀자들을 함부로 죽이고 폭행했다. 이로 인해 예루살렘의 길거리에는 시체가 나뒹구는 참혹한 상태가 벌어지고 말았다. 어린아이가 어머니의 젖을 빨고 있는데 그 젖에서 피가 나고 있다. 그 어머니는 이미 죽은 지 오래 되었는데 어린아이는 배고픔에 그 죽은 어머니의 젖을 계속 빠는 것이다. 이런 상황을 막아 보고자 예레미야가 그토록 항복을 권유했던 것이다.

예루살렘 성을 바라보며 예레미야는 울고 또 우는데 자신의 눈물이 물 같이 흘러내린다고 했으며 탄식이 많아 마음에 병이 들었다고 표현하며 눈에 눈물이 상하며 창자가 끊어지며 간이 땅에 쏟아졌다고 표현한다. 그러나 그렇게 밤새 울던 예레미야가 지쳐서 울다가 아침이 되었을 때 그래도 하나님께서 진멸하시지 않고 남은 자들을 두셨음에 오히려 감사함을 깨닫게 된다. 1차, 2차에 걸쳐 이미 포로로 끌려간 유대인들이 바벨론에 남아 있기 때문이다. 그들의 생명이라도 건진 것이 감사하고 결국 그들이 70년 후에 돌아와 다시 새롭게 시작할 수 있는 길이 열려 있다는 것이다.

그래서 예레미야는 다시 힘을 내서 바벨론에 잡혀가 있는 포로들에게 편지를 보낸다. 70년 후면 다시 돌아오게 될 터이니 그곳에서 잘 훈련받고 건강하게 돌아오라는 내용이다. 이 편지를 바벨론에서 다니엘이 읽게 된다. 느헤미야가 읽게 된다.

바벨론은 얼마나 강하고 힘센 나라였는지 모른다. 그 힘센 바벨론은 앗수르를 무너뜨리며 앗수르가 실시했던 정책들을 따라하지 않는다. 혼혈 정책은 앗수르 시대로 마감하고 바벨론은 인질 정책을 편다. 바벨론은 점령한 나라의 우수한 청소년들을 끌고가 바벨론 식 음식을 먹이고 바벨론의 옷을 입히며 바벨론 식 교육으로 사상을 바꾸어 놓는 것이다. 이 우수한 청소년들은 바벨론에서 교육받은 후, 친 바벨론주의자가 되며 바벨론의 발전을 위해 쓰일 도구들이 될 것이다. 이 정책은 상당히 효과적이었다.

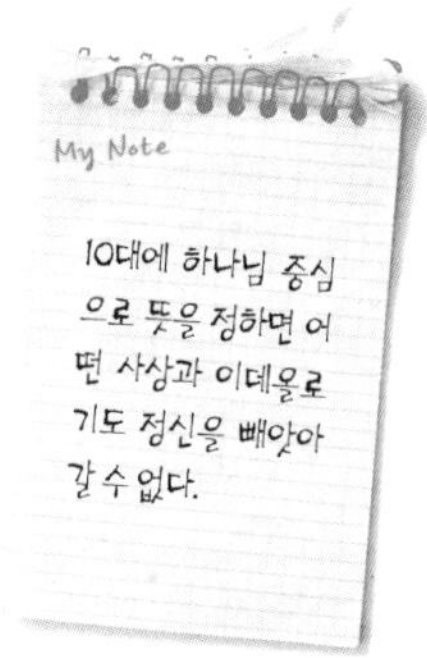

그러나 10대에 뜻을 정한 다니엘은 친 바벨론주의가 아닌 친 하나님주의로 살기로 결심했다. 10대에 하나님 중심으로 뜻을 정하면 어떤 사상과 어떤 이데올로기도 정신을 빼앗아 갈 수 없다. 우리 친구들은 이 시기를 살고 있는 것이다. 대제국 바벨론도 결국은 페르시아에게 멸망당하고 페르시아는 그리스에게 힘을 빼앗기고 헬라 제국에 의해서 멸망된다. 헬라 제국은 로마 제국에 의하여 멸망된다. 로마 제국도 마침내 멸망한다. 그러나 하나님의 나라는 영원하다. 하나님의 나라를 꿈꾸며 배우는 우리 친구들에게 하나님의 은혜가 늘 함께하실 것이다.

새판 짜기

부모님이나 선생님으로부터 꾸중을 듣는 것이 관심이고, 사랑이라고 생각하나요? 어떻게 생각하는지 표현해 보고, 그 이유도 나눠 봅시다.

우리가 알 때까지 계속해서 말씀해 주시는 하나님의 뜻대로 순종하기 위해 내가 가져야 할 태도는 어떤 것들이 있을까요?

[하나님과] 통 [친구와] Tong [세상과] 通

'앗수르'와 '앗시리아' 혼동하지 말자

앗시리아는 바벨론(표준새번역 성경에서는 '바빌로니아'로 표기된다)이 이스라엘을 무너뜨리기 바로 직전의 왕조를 일컫는데 성경에 나오는 대부분의 '앗수르'는 '앗시리아'를 지칭하는 말이 맞다. 표준새번역 성경은 개역 성경에서 약 1백40여 차례 나오는 '앗수르'를 모두 '앗시리아'라고 고쳐 놓았다. 왜 '앗시리아'로 발음되는 지명을 굳이 '앗수르'라고 번역해서 읽는 사람을 헷갈리게 만들었는지 모를 일이다.

그렇지만 성경에 나오는 모든 '앗수르'를 이스라엘을 침공한 '앗시리아'로 이해해서는 곤란하다. 창세기 25장 3절 단 한 군데에 불과하지만 '앗수르 족속'이라는 언급은 시대적인 배경에서도 짐작할 수 있지만 '앗시리아 족속'을 지칭하는 말이 아니다.

『성경백과사전』도 "분명하지 않은 족속인데, 북부 아라비아 사람으로 팔레스타인 남쪽에 산 것 같다."면서 "앗시리아 사람(Assyrian)과 혼동해서는 안 된다."라고 지적하고 있다.

판 스물아홉

페르시아 제국

29

페르시아는 오히려 바벨론이 잡아 온 인질들을 모두
자기 나라로 돌려보내 산업을 발전시키는 정책을 폘친다.
덕분에 유다의 포로들이 다시 돌아가게 되었다.

페르시아 제국과 관련된 성경은 구약에서 7권이나 된다. 다니엘, 에스더, 에스라, 느헤미야, 학개, 스가랴, 말라기이다. 다니엘은 바벨론 제국에 포로로 끌려갔으나 다니엘이 바벨론에 있는 동안 바벨론 제국이 페르시아 제국에 의해 멸망하기에 페르시아 제국과도 관련을 갖게 된다. 에스더는 페르시아 아하수에로 왕의 왕비가 된 사람이다.

스룹바벨 총독과 여호수아 제사장이 페르시아의 다리오 왕 때 포로민들을 데리고 귀환하여 황폐한 예루살렘에서 성전을 재건했다. 이 때, 학개와 스가랴는 선지자로 활동했다.

에스라는 페르시아 제국의 귀국 정책에 따라 포로민들을 데리고 예루살렘으로 돌아와 평생 여호와의 율법을 연구하여 준행하기로 결심하고 이스라엘 백성들에게 하나님의 율례와 규례를 가르친 사람이다.

느헤미야는 페르시아의 아닥사스다 왕의 술 맡은 관원장인 고위 공무원으로 활동하다가 왕의 허락을 받아 이스라엘에 총독으로 부임하여 무너진 이스라엘 성벽을 재건했던 사람이다.

다니엘에 대해서는 다음 주에 특강으로 더 깊이 있게 만날 것이다. 이제 페르시아 제국에 대해 살펴보자.

대제국 앗수르는 인구 혼합 정책을 펼쳤었다. 그래서 북왕국 이스라엘의 수도 사마리아를 여러 혈통의 사람으로 가득하게 만들었다. 그 후유증이 예수님 시대까지 왔던 것이다. 우리 예수님은 이 일을 안타깝게 여기셔서 선한 사마리아 사람 이야기를 해 주셨고, 유언으로 '예루살렘과 온 유대와 사마리아와 땅 끝까지 증인'이 되어 달라고 부탁하셨던 것이다. 사마리아에 복음이 들어가지 않을까 하여 걱정하셨던 것이다. 사도행전에 보면 사마리아에도 복음이 들어갔다고 사도들이 기뻐하는 장면이 나온다. 앗수르 제국의 정책으로 인해 이렇게 오래도록 피해가 컸던 것이다.

때문에 바벨론 제국은 앗수르의 정책을 받아들이지 않았다. 대신 인재들을 끌어가 교육하여 친 바벨론 정책을 편 것이다. 그 때문에 다니엘과 같은 우수한 청소년들이 바벨론에 끌려갔다. 그러나 이 정책은 바벨론 내에 인재들을 많이 만드는 데는 성공했지만, 남아 있는 각 나라의 사람들에게 패닉 상태를 만들어 주는 결과를 가져왔다. 우수한 인력이 다 빠져나간 상태에서는 어떤 산업도 발전하지 못해 세금을 낼 형편도 못 되게 하는 것이었다. 그래서 바벨론의 식민지로부터의 세금에 관한 경제 형편은 오히려 더 나빠지게 되었다. 인재는 이렇게 중요한 것이다. 인재가 없다는 것은 모든 분야에 발전을 기대할 수 없는 것이다.

그래서 페르시아는 앗수르의 길과 바벨론의 길을 따르지 않기로 한 것이다. 페르시아는 오히려 바벨론이 잡아 온 인질들을 모두 자기 나라로 돌려보내 산업을 발전시키고 세금을 많이 거두는 정책을 펼친다. 이 덕분에 유다의 포로들이 다시 돌아갈 수 있게 된 것이다.

그러나 이것은 근원적으로 보면 세계를 경영하시는 하나님의 계획이셨다. 하나님께서는 예레미야 선지자에게 이미 포로 기간이 70년이라고 말씀하셨다. 예레미야는 하나님의 계획을 알고 바벨론으로 편지를 보내 70년간 잘 훈련받고 돌아오도록 격려했던 것이다. 다니엘서를 보면 다니엘이 예레미야의 서책을 공부하고 포로 기간이 70년임을 알게 되는 장면이 나온다. 그래서 예루살렘을 향해 기도했던 것이다.

My Note

하나님의 나라는 창세전부터 오늘날까지 그리고 앞으로도 영원하다.

성경에 보면, 하나님께서 바로(애굽 왕)의

마음을 강퍅하게 하신 일도 있고, 고레스(페르시아 왕)의 마음을 감동케 하신 일도 있다. 페르시아 시대에 고레스 왕을 감동시키셔서 유다 민족을 돌려보내셨다고 성경은 말하고 있다.

앗수르 제국은 하나님의 몽둥이라고 선지자의 입술을 통해 말씀해 주셨다. 바벨론의 느부갓네살 왕의 꿈을 통해 세계경영을 말씀해 주신 하나님께서 페르시아 제국의 정책을 결정하셔서 하나님의 계획대로 70년 만에 유다 민족의 포로기를 끝내신 것이다. 그런 면에서 페르시아 제국은 다른 제국에 비해 유다 민족에게 오히려 그나마 도움이 된 제국이었다.

오늘날에도 세계경영은 하나님 손에 있다. 이 땅에 많은 제국들이 나타났다가 사라졌지만 하나님의 나라는 창세전부터 오늘날까지 그리고 앞으로도 영원하다. 우리 친구들이 하나님의 세계경영에 쓰임 받는 인재들로 준비되고 쓰임 받기를 기대한다.

새판 짜기

앞서 배운 내용을 바탕으로 내가 생각하는 당시의 '제국'은 어떠한 나라였던 것 같은지 그 느낌을 적어 봅시다.

하나님을 아는 지식은 성경에서 나옵니다.
성경공부에 열심을 가져 보고, 어떻게 공부할 것인지 계획을 세워 봅시다.

판 서론

다니엘 특강

(2009년 1월 숲과나무성경통독 청소년캠프 특강)

30

다니엘은 높은 사회성과 깊은 영성을 지닌 사람이었습니다.
또 시간을 내어서 기도했습니다.
이 기도 속에 하나님을 영적으로 만나는 시간을 가졌습니다.

다니엘을 공부하려면 '제국'을 알아야 합니다. 성경에는 여러 제국들이 등장합니다. 우리가 들어 본 것 중에 앗수르 제국이 있지요? 그리고 바벨론 제국이 있고, 페르시아 제국도 있습니다. 또 헬라 제국과 로마 제국도 있습니다. 그런데 다니엘을 공부하려면 특히 바벨론 제국과 페르시아 제국을 알아야 합니다.

다니엘은 어렸을 때부터 천재 소리를 듣던 소년이었습니다. 그런데 나라의 사정이 너무 좋지 못해서 다니엘의 미래는 어떻게 될지 정말 불투명했습니다. 결국 나라는 바벨론 제국에 의해 망해 갔고, 바벨론 제국이 다니엘의 나라인 유다를 좌지우지하는 상태까지 이르게

My Note

하나님께서는 앞으로 일어날 모든 일을 다니엘에게 알려 주셨다.

되었습니다. 그러던 어느 날 다니엘은 하늘이 노랗게 되는 일을 당하게 됩니다. 바로 바벨론에서 다니엘처럼 머리가 좋은 10대 청소년들을 잡아간다는 것입니다. 이에 다니엘은 하루아침에 유다 예루살렘에서 바벨론으로 끌려가게 되었습니다.

부모님과도 헤어지게 됐습니다. 요즘 같으면 조기 유학도 많으니 그러려니 할 수 있지만, 다니엘의 경우는 볼모로 끌려가는 것이었습니다. 그래도 다행히 다니엘은 노예로 끌려가는 것이 아니라 바벨론 왕궁에서 국비로 공부하는 장학생의 신분으로 끌려갔습니다. 대신 공부를 열심히 해서 반드시 바벨론에 이익을 안겨 주어야 하는 압력이 있었습니다.

그곳에는 다니엘처럼 각 나라에서 끌려온 많은 천재 청소년들이 있었습니다. 그들 모두에게 '바벨론 식'의 교육이 기다리고 있었습니다. 바벨론 왕은 이 천재 소년들에게 모든 것을 풍족하게 주었습니다. 좋은 집, 좋은 옷, 좋은 음식 그리고 훌륭한 선생님들에게 교육받도록 해 주었습니다. 달리 생각해 보면, 바벨론은 굉장히 부자 나라였기 때문에 자기 나라보다 더 좋은 것도 많았던 것입니다.

10대 청소년 다니엘은 함께 끌려온 유대 나라 친구들과 회의를 했습니다.

"우리가 남의 나라에 끌려왔지만 우리는 하나님을 믿는 사람들이야. 다른 것은 몰라도 우상에게 절한 음식만은 먹지 말자."

다니엘의 이 제안을 들은 다니엘의 친구들은 모두 기뻐했습니다. 하지만 이 일을 지키는 것은 쉬운 일이 아니었습니다. 다니엘의 이 부탁을 들은 환관장은 당연히 거절했습니다. 왜냐하면 환관장은 함께 잡혀 온 모든 청소년들을 관리하는 것뿐만 아니라 이 소년들의 건강까지 책임지고 있기 때문에, 만일 이 청소년들에게 문제가 생기면 모든 것을 책임져야 했기 때문입니다.

하지만 다니엘은 이 어려움에 굴하지 않고 타협안을 내놓았습니다.

"만일 유대 나라 식으로 음식을 먹어서 다른 청소년들보다 건강이 좋지 못하다면 물러서겠습니다. 그러나 10일간 시험해 보시고, 우리들의 얼굴빛이나 건강에 이상이 없다면 먹는 문제만은 제 의견을 받아 주십시오."

다니엘은 환관장을 끝내 설득하여 친구들과 함께 10일간 유대 음식을 먹었습니다. 하나님께서 이들을 도우심은 당연한 일입니다.

그래서 다니엘은 그때부터 평생, 우상에게 절하지 않은 음식을 그의 음식으로 삼을 수 있었습니다. 다니엘의 음식은 레위기에서 정한 대로 하나님의 뜻에 따라 먹는 메뉴였습니다. 하나님께서는 다니엘에게 지혜와 용기를 주셨고, 다니엘은 바벨론에서 어느 누구보다 우수한 학생으로 인정받게 되었습니다.

그런 시기를 보내고 있는 다니엘에게 어느 날, 청천벽력 같은 소식이 들렸습니다. 그 소식은 다름 아니라 바벨론의 느부갓네살 왕이 다니엘과 그의 친구들을 모두 죽이겠다는 것이었습니다. 바벨론의 느부갓네살 왕이 꿈을 꾸었는데 그 꿈이 너무 생생했습니다. 그런데 자기 스스로 그 꿈의 내용이 무엇인가 아무리 생각해 봐도 해석이 되지 않았습니다. 이에 느부갓네살 왕은 바벨론의 가장 똑똑한 사람들을 불러서 자신이 너무 생생하게 꿈을 꾸었는데 그 꿈이 무엇이며, 그 내용은 무엇인지 말하라고 했습니다. 하지만 그 꿈을 해석하기는커녕 맞추는 사람도 없었습니다. 당연한 것입니다. 남의 꿈을 어떻게 맞추겠습니까?

바벨론의 느부갓네살 왕은 이 일로 화가 나서 박사들과 공부하는 청소년들 모두를 죽이겠다고 했습니다. 다니엘과 사드락, 메삭, 아벳느고 그리고 여러 나라에서 끌려왔던 그 많은 친구들은 느부갓네살 왕이 죽이겠다고 말하는 순간 정말 자신들이 모두 죽을 수 있다는 사실을 너무나 잘 알았습니다. 따라서 왕이 죽이겠다는 말을 하자마자 다니엘과 다니엘의 친구들은 살아 있으나 죽은 목숨과 마찬가지였습니다.

바벨론의 느부갓네살 왕은 다른 누구의 말을 듣는 사람이 아닙니다. 자기 판단대로 생각하고, 사람들을 죽이는 사람입니다. 이에 다니엘은 하나님께 살려 달라고 기도하기 시작했습니다.

"하나님, 느부갓네살 왕의 그 꿈을 알려 주세요."

다니엘의 간절한 기도를 들으신 하나님께서 다니엘에게 느부갓네살 왕의 꿈을 알려 주셨고, 다니엘은 자신의 선생님을 통해서 느부갓네살 왕을 만났습니다. 그리고 느부갓네살 왕에게 왕의 꿈과 그 해석을 가져왔다고 말했습니다. 그 꿈은 한 돌이 날아가서 어느 부분을 딱 맞추었더니 와르르 무너지는 꿈이었으며, 그 내용은 앞으로 펼쳐질 제국의 미래에 관한 것이었습니다. 다니엘이 이 꿈을 맞추자 느부갓네살 왕이 갑자기 다니엘 앞에 엎드려 절하고, 다니엘을 위대한 사람으로 섬기려 했습니다. 이에 다니엘은 자기가 이 꿈과 해석을 한 것이 아니라 하나님께서 알려 주셨다고 말합니다. 이 꿈을 통해서 느부갓네살 왕도 하나님의 위대하심을 알게 되었습니다.

느부갓네살 왕의 신임과 실력을 인정받은 다니엘은 승승장구합니다. 높은 권력을 가지게 된 다니엘은 바벨론에서 아주 훌륭한 공무원으로 중요한 일을 하면서도 마음속 한편, 자신의 민족 문제에 대해서 많은 관심을 가졌습니다. 왜냐하면 자기 민족 유다 예루살렘의 황폐한 상황을 잘 알고 있었기 때문입니다. 그래서 예루살렘을 향해 문을 열어 놓고 하루에 세 번씩 기도하기 시작했습니다.

다니엘이 그렇게 기도하며 바벨론의 최고 정치인 생활을 한 지도 몇십 년이 지났습니다. 그러던 어느 날, 다니엘이 이미 느부갓네살 왕의 꿈을 통해서 알고 있었던 역사적 사건이 일어나게 됩니다. 바벨론이 페르시아에 의해 망하게 되는 것입니다. 앗수르는 바벨론에게, 바벨론은 페르시아에게, 페르시아는 헬라에게 그리고 헬라는 로마에 의해 그 제국들이 무너지게 됩니다. 이미 다니엘은 알고 있었습니다. 앞으로 일어날 이 모든 일을 하나님께서 다니엘에게 알려 주셨던 것입니다.

새로운 제국, 페르시아가 등장했습니다. 페르시아의 고레스(키루스 2세) 왕이 바벨론 제국을 무너뜨리고 새로운 페르시아 제국을 세웠습니다. 페르시아의 고레스 왕은 페르시아를 위하여 새로운 통치 방식을 만들었습니다. 그 이유는 바벨론 제국이 완벽한 통치 기술을 가지고 있었다면 페르시아에게 망할 이유가 없었기 때문입니다.

느부갓네살 왕이 바벨론 제국을 오래 유지하려고 어린 청소년을 데려다가 교육시키는 계획을 세웠지만, 결국 바벨론 제국은 망하고 만 것입니다. 그러자 페르시아 제국의 왕 고레스는 바벨론 방식으로 페르시아 제국을 통치해서는 안 된다고 결심했습니다. 그래서 제국에 잡혀 온 많은 사람들을 자신들의 고국으로 돌려보내는 정책을 펼치게 되었습니다.

My Note

하루에 세 번씩 하나님께 기도한 다니엘은 페르시아 제국에서 가장 유능한 인재였다.

그럼에도 불구하고 페르시아 제국에 인재가 필요했습니다. 그래서 누가 이 새로운 페르시아 제국을 위한 가장 유능한 인재가 될 것인가 찾아봤더니 그 중에 한 사람이 바로 다니엘이었습니다. 페르시아의 왕은 나이가 많이 들었음에도 불구하고 워낙 실력이 출중했던 다니엘을 세 명의 총리 중 한 사람으로 세웠습니다.

얼마만큼의 시간이 지나고, 페르시아 왕이 유심히 관찰해 보니 세 명의 총리 가운데 다니엘이 가장 월등한 것입니다. 그래서 다니엘을 세 명의 총리 가운데 가장 높은 자리로 올리는 것이 자신에게 큰 도움이 될 것이라고 판단했습니다. 그러자 다른 두 명의 총리가 다니엘을 시기하기 시작했습니다.

이들은 왕의 계획이 실현되지 못하도록 막아야 되겠다고 생각하고, 다니엘에게 잘못이 있는지 찾기 시작했습니다. 그동안 다니엘이 일하면서 잘못했을 수도 있다고 생각하고 모든 서류들을 뒤져서 찾아봤는데, 허물이 없는 것입니다.

그래서 두 명의 총리는 두 번째 작전을 펼칩니다. 잘못이 없으니 이제 모함을 하는 것입니다. 그때 다니엘은 그 두 명의 총리가 자신을 모함하고 있다는 사실을 알았습니다. 이 사실을 눈치 챈 두 명의 총리는 왕의 명예욕을 살려서 다니엘을 죽이기로 마음먹습니다.

두 총리가 왕에게 "30일 동안 왕만을 신으로 섬기고, 어느 인간이나 어느 신에게도 기도하지 못하게 하는 법을 만들면 좋지 않겠습니까?"라고 말하자 왕이 너무 기뻐하며 그 법에 도장을 찍습니다. 왕은 그 법령이 공포되고 나자 두 총리의 속셈을 알게 됩니다. 그러나 한번 인장을 찍은 법은 왕이라도 그 약속을 지켜야 했습니다. 그래서 다니엘이 그 법 때문에 사자 굴에 들어가게 됐던 것입니다.

다니엘이 사자 굴에 들어갔는데, 중요한 것은 사자가 그날 밤 내내 배고팠다는 사실입니다. 왜냐하면 사자의 눈에 다니엘은 '화중지병', 그림의 떡이었기 때문입니다. 하나님께서 천사들을 보내셔서 사자의 입을 막으셨던 것입니다. 아무리 맛있어 보여도 그림으로 그려진 떡은 먹을 수 없듯 사자는 눈앞에 다니엘이 보여도 잡아먹을 수 없었습니다. 아마 사자는 그날 밤 내내 약이 올랐을 것입니다. 그런데 그 다음 날 다행히 2인분의 양식이 사자에게 주어집니다. 바로 다니엘을 모함하고, 왕을 모독한 죄를 저지른 두 명의 총리가 사자 굴에 들어오게 된 것입니다.

자, 이제 다니엘 이야기를 정리해 보겠습니다. 다니엘은 어떤 사람이라고 평가할 수 있겠습니까? 그는 높은 사회성과 깊은 영성을 지닌 사람이었습니다. 그는 틈나는 대로 기도했고, 또 시간을 내어서 기도했습니다. 얼마나 기도했는지 그가 스스로 써 놓은 기록인 다니엘서를 보면 잿더미 위에 앉아 재를 뿌리면서 간절히 기도하다가 그 기도를 얼마나 깊이 했는지 입신에 들어갔다는 것입니다. 이는 깊은 기도 속에 하나님을 영적으로 만나는 놀라운 체험의 시간을 가졌다는 것을 말합니다. 그렇게 다니엘이 기도하다가 혼절했습니다.

그리고 그 다음 날 깨어서 바로 정신 차리고 출근을 합니다. 출근을 해서 왕의 일을 봅니다. 다시 말해서 다니엘의 책상 앞에 수두룩하게 쌓여 있는 국가의 모든 서류들을 결재합니다.

우리들 중에, 기도는 열심히 하지만 공부는 열심히 하지 않는 사람이 있습니다. 또 공부를 열심히 하는 사람은 기도를 안 하는 경우가 있습니다. 두 가지 중에 하나만 하려고 합니다. 그런데 10대에 뜻을 정했던 사람, 다니엘은 이 두 가지를 다했습니다. 그는 기도를 정말 열심히 했고, 공부도 정말 열심히 했습니다. 사회에서 누구나 다니엘의 결정을 최고의 결정으로 따르려 했을 정도였습니다. 우리 친구들도 이렇게 교회와 사회 그리고 국가와 국제사회에서 가장 필요한, 다니엘과 같은 사람이 되기를 간절히 바랍니다.

새판 짜기

- 어느 한 쪽에 치우치지 않고 균형을 갖추기 위해
  나의 생활계획표를 다시 한 번 점검해 봅시다.

- 다니엘처럼 하나님 앞에 뜻을 정하고 실천하는 삶을 꿈꾸며,
  나 또한 하나님 앞에 뜻을 정해 봅시다.

판 서론하나

구약과 신약 사이의 400년 중간사

31

구약과 신약 사이의 중간사 400년의 결론은 예수 그리스도이시다.
그분이 이 땅에 오심으로
하나님과 사람 사이의 관계를 회복하신 것이다.

구약성경의 마지막 책인 말라기서에서 신약성경의 처음 책인 마태복음으로 책장을 넘기는 데는 1초면 될 것이다. 그러나 말라기서와 마태복음 사이에는 400년이라는 역사가 들어 있다. 성경은 하나님의 사람 사랑에 관한 이야기인데 400년간 하나님과 사람 사이의 연결이 끊어져 있었다는 것이다. 더 엄밀히 말해서 그 400년이라는 시간은 하나님께서 그의 사랑의 결정체인 예수 그리스도를 이 땅에 보내시기 위해 준비하신 시간이다.

구약성경의 마지막인 말라기서가 기록되던 시대는 페르시아 제국이 근동 지역 전체의 패권을 가지고 있던 시대이다. 그러나 신약성경의 시작인 마태복음은 로마 제국이 다스리고 있는 시대로 나타난다. 그 사이에 페르시아 제국은 그리스와의 전쟁을 통해 힘을 잃어 가다가 결국 헬라 제국을 세운 알렉산더에 의해 망하게 된다. 그러나 알렉산더는 33세의 젊은 나이에 대제국을 이루어 놓고 갑자기 죽기 때문에 헬라 제국은 7명의 장수에 의해 7개의 지역으로 나뉘어졌다가 다시 4명의 장수에 의해 크게 4개 지역으로 나뉘어지게 된다.

헬라의 4제국 중 유대 나라를 중심으로 위쪽에 있는 셀루커스 왕조와 아래쪽 애굽을 차지한 프톨레미 왕조의 격돌은 유대 나라를 전쟁터로 만든다. 이 때 유대 나라는 많은 어려움을 겪게 된다. 애굽의 프톨레미 왕조에게 잠시 합병되었던 유대 나라는 프톨레미 왕조의 관대한 정책으로 그런대로 삶을 유지했지만, 유대 위쪽의 셀루커스 왕조의 안티오쿠스 3세가 애굽 쪽의 프톨레미 왕조로부터 유대 땅을 빼앗게 되자 정치적으로 큰 변화가 생긴다.

셀루커스 왕조의 안티오쿠스 3세는 유대인들에게 최대한 배려하는 정치를 했으나 셀루커스 4세에 이은 안티오쿠스 4세가 왕이 되고 나서 유대 나라의 험난한 세월이 시작된다. 안티오쿠스 4세는 자기 스스로를 '에피파네스' 라 하여 '신의 현현자' 라고 불리길 원했다. 그러나 그는 너무나 잔인하고 혹독한 정치를 펼쳐서 유대인들에 의해 '에피마네스(미친 놈)' 라고 불리었다. 안티오쿠스 4세는 애굽을 정복하기 위해 2차례나 애굽을 침략했었다. 안티오쿠스 4세가 애굽에 대한 정복 의지를 계속 불태우고 있을 때 세계 역사가 바뀌고 있었는데, 바로 로마의 출현이다.

로마 이야기를 하기 전에 안티오쿠스 4세 이야기를 조금 더 살펴보자. 안티오쿠스 4세는 유대 나라에 헬라 문화를 강요했다. 유대 민족들이 아브라함 시대부터 지켜 오던 할례를 행하지 못하게 하였고, 만일 할례를 행했을 경우에는 아이를 죽여 그 어머니의 목에 걸어 놓았다. 돼지고기를 먹지 않는 유대 민족들을 자극하기 위해 일부러 성전에 돼지 피를 흥건하게 뿌려 놓기도 하였다. 이렇게 안티오쿠스 4세는 하나님에 대한 신앙을 버리고 헬라 문화를 따르라고 강요했던 것이다.

그래서 이 때 유대 민족 안에 몇 가지 특별한 그룹이 생겨난다. 헬라인들과 타협하고 헬라 사상을 조금씩 받아들이는 그룹이 생겼는데 이들을 사두개인이라고 부른다. 사두개인들과는 반대로 헬라 문화를 결코 받아들일 수 없다고 결심한 그룹은 하시딤이라고 부르는데 이들은 후에 바리새파가 된다. 헬라 제국의 정책을 따르지 않으려고 사막에 나가서 따로 사는 그룹이 있었는데 그들은 엣세네파라고 한다. 이런 그룹들이 신약성경에 등장하는 여러 분파들이 된다.

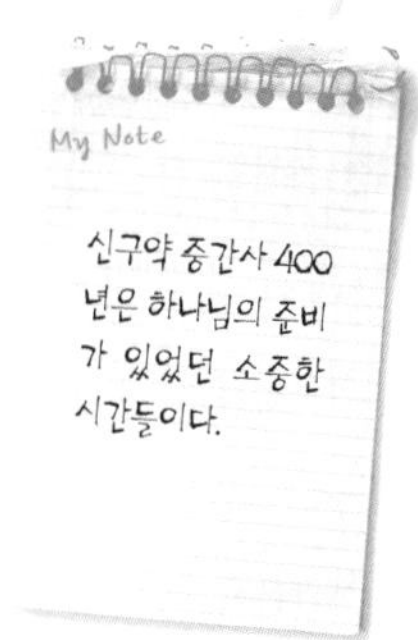

이제 본격적으로 로마를 살펴보자. 앗수르와 바벨론과 페르시아와 헬라 제국에 이어 나타난 가장 강력한 제국은 바로 로마 제국이었다. 로마는 B.C. 8세기경 로물루스와 레무스라는 쌍둥이에 의해 세워졌다. 왕정과 공화정을 거쳐 오며 내부적으로 기틀을 다져 가던 로마는 카르타고와의 120년간에 걸친 3차례의 포에니전쟁을 통해 막대한 부와 해상권을 갖게 된다. 포에니전쟁을 기반으로 로마는 점점 세력을 키워 지중해를 자기 나라의 호수로 둔 대제국으로 발전하게 된다.

유럽을 로마의 손 아래 두고 동방으로 세력을 뻗어 가던 로마는 유대의 내부 싸움을 말린다는 명분으로 B.C.63년경 예루살렘에 쳐들어간다. 로마의 장군 폼페이우스를 중심으로 한 로마 군대는 3달 만에 성벽에 구멍을 뚫어 예루살렘을 점령하고 이때부터 유대는 로마의 지배 아래 들어가게 된다. 그래서 신약의 처음 성경인 마태복음은 로마의 지배 아래에서 식민지 생활을 하고 있는 유대인의 삶으로부터 시작하는 것이다. 신약성경의 첫 번째 책인 마태복음에서부터 마지막 책인 요한계시록까지 전체 배경은 모두 로마 제국 아래에서 이루어진 이야기임을 알고 신약공부에 들어가야 한다.

로마는 자신들이 다스리는 모든 나라의 호적을 정확하게 정리하여 단 한 푼의 세금도 누락되지 않도록 철저한 정책을 펼쳤다. 그래서 로마의 첫 번째 황제 *가이사아구스도 때, 그의 명령으로 요셉과 마리아가 고향인 베들레헴으로 가서 호적을 정리해야 했다. 로마의 철저한 세금 정책으로 인해 나타난 세리라는 직업은 식민지 생활을 하고 있는 유대인들에게 몹시 불편한 존재였다. 마태나 삭개오 같은 사람이 이러한 정책으로 인해 생겨난 사람들이다.

근동 지역 중 가장 다스리기 힘들다고 소문난 유대에 로마는 분봉왕과 총독을 동시에 파견하여 다스렸다. 그래서 예수님 당시에 분봉 왕 헤롯과 총독 빌라도가 동시에 통치하는 모습을 보게 되는 것이다. 유대인들은 1000년 전에 이스라엘의 최고 번영기였던 다윗 왕 시대를 그리워할 수밖에 없었다. 그래서 마태는 우리 예수님을 소개하면서 "아브라함과 다윗의 자손 예수 그리스도의 계보라"라고 했던 것이다. 이 소개는 유대인들에게 큰 반응을 불러일으킬 수밖에 없었다.

말라기서에 쓰인 대로 하나님과 이스라엘 백성 사이의 큰 갈등으로 인해 400년간 있어 왔던 하나님의 침묵은 예수 그리스도를 통해 새 시대를 열리게 하였다. "내가 너희를 사랑하였노라"라는 이 하나님의 말씀에 이스라엘 백성들은 이렇게 말했었다. "주께서 어떻게 우리를 사랑하셨나이까?" 하나님은 이스라엘 백성들의 이 말에 침묵하셨던 것이다. 그리고 하나님이 침묵을 깨고 하신 말씀은 "하나님이 세상을 이처럼 사랑하사 독생자를 주셨으니"이다.

구약과 신약 사이의 중간사 400년의 결론은 예수 그리스도이시다. 하나님의 아들 예수 그리스도가 이 땅에 오심으로 전 인류의 죄를 구원하시고 하나님과 사람 사이의 관계를 회복하신 것이다. 말라기에서 마태복음으로 넘어가는 400년은 우리에게 예수 그리스도를 보내실 하나님의 준비가 있었던 소중하고 감사한 시간들이다.

***가이사아구스도** : 가이사는 카이사르를 말한다. 율리우스카이사르의 성(性)인 카이사르가 황제라는 뜻이 된 것이다. 즉 황제 아구스도라는 뜻이다. 아구스도의 본명은 옥타비아누스(로마의 초대 황제)이고 황제가 되어서 로마 원로원으로부터 받은 존칭이 아우구스투스이다. 아우구스토스를 성경에서 아구스도라 쓴 것이다.

새판 짜기

- 구약과 신약 사이의 400년이라는 시간이 있었다는 사실을 알게 된 기분이 어떠한지 생각해 보며, 다시 한 번 400년의 시간을 정리해 봅시다.

- 신구약 중간사 때 흩어져 살았던 유대인 '디아스포라'에 대해 알아보고, 한 줄로 정의를 내려 적어 봅시다.

판 서른둘

역사 순서 성경통독(신약)

32

신약성경은 마음만 먹으면 하루나 이틀이면 모두 읽을 수 있다.
구약성경에서 공부했던 것처럼
신약성경도 역사 순으로 공부해 보자.

신약성경 27권은 예수님에 관한 기록인 4복음서와 역사서인 사도행전 그리고 바울서신 13권(옥중서신 4권, 목회서신 3권, 일반서신 6권), 공동서신 8권 그리고 예언서인 요한계시록으로 분류되어 있다.

1. 4복음서: 마태복음, 마가복음, 누가복음, 요한복음
2. 역사서: 사도행전
3. 바울서신
   - 옥중서신: 에베소서, 빌립보서, 골로새서, 빌레몬서
   - 목회서신: 디모데전서, 디모데후서, 디도서
   - 일반서신: 로마서, 고린도전서, 고린도후서, 갈라디아서

데살로니가전서, 데살로니가후서

4. 공동서신: 히브리서, 야고보서, 베드로전서, 베드로후서,
요한일서, 요한이서, 요한삼서, 유다서

5. 예언서: 요한계시록

구약성경에서 공부했던 것처럼 이제 신약성경도 역사 순으로 공부해 보자. 역사 순으로 신약성경을 구분하면 아래와 같다.

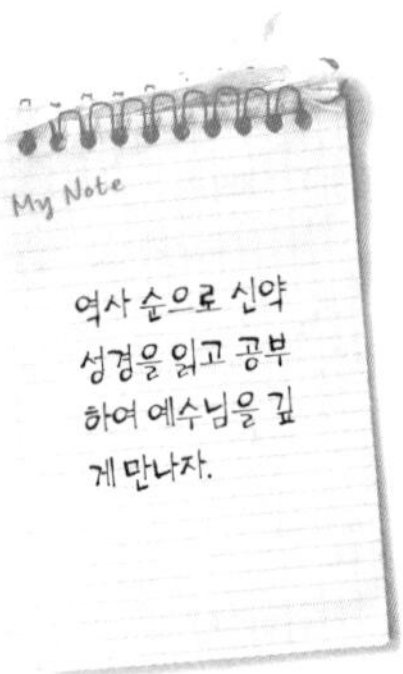

1. 예수님의 사역
2. 교회의 시작과 열두 사도들의 사역
3. 사도 바울의 사역과 바울서신
4. 공동서신과 요한계시록

이제 네 분류에 맞추어 신약성경 27권을 역사 순으로 다시 살펴보자.

1. 예수님의 사역(4권): 마태복음, 마가복음, 누가복음, 요한복음
2. 교회의 시작과 열두 사도들의 사역(사도행전 상):
사도행전 1-12장
3. 사도 바울의 사역과 바울서신(사도행전 하):
    1) 1차 전도여행: 사도행전 13장-15장 35절
    2) 2차 전도여행: 사도행전 15장 36절-18장 22절,
    데살로니가전 · 후서, 갈라디아서
    3) 3차 전도여행: 사도행전 18장 23절-19장,
    고린도전 · 후서

4) 바울의 예루살렘여행: 사도행전 20장-26장, 로마서

5) 로마에서의 바울: 사도행전 27장-28장, 에베소서,
빌립보서, 골로새서, 빌레몬서,
디모데전 · 후서, 디도서

4. 공동서신과 요한계시록: 히브리서, 야고보서, 베드로전 · 후서,
요한일 · 이 · 삼서, 유다서, 요한계시록

이 순서로 읽으면, 신약성경을 역사 순으로 따라가며 통독할 수 있다. 신약성경은 마음만 먹으면 하루나 이틀이면 모두 읽을 수 있다. 특히 시대나 배경이 복잡하지 않아 위의 순서대로 읽으면 거의 이해가 될 것이다. 서신서는 각각의 메시지가 분명해 각각의 책을 읽어도 모두 큰 은혜가 된다. 이제 좀 더 상세하게 역사 순으로 신약성경을 읽는 순서를 말하겠다.

1. **마태복음 1장-4장 11절, 마가복음 1장 1절-13절, 누가복음 1장-4장 13절, 요한복음 1장 1절-34절**은 예수님의 어린 시절, 예수님이 오실 길을 예비한 세례 요한 이야기, 즉 예수님의 공생애 이전의 사건들에 대한 기록이다.
2. **마태복음 4장 12절-19장, 마가복음 1장 14절-10장 31절, 누가복음 4장 14절-19장 10절, 요한복음 1장 35절-11장**은 예수님께서 직접 사람들을 어루만지시고 치유하시고 천국 복음을 전파하신 3년간의 기록, 즉 공생애의 기록이다.
3. **마태복음 20장-27장 31절, 마가복음 10장 32절-15장 20절, 누가복음 19장 11절-23장 25절, 요한복음 12장-19장 16절**은 예수님의 예루살렘 입성에서부터 예수님의 고난과 십자가 사형 판결을 받으시기까지의 기록이다.

4. **마태복음 27장 32절-28장, 마가복음 15장 21절-16장, 누가복음 23장 26절-24장, 요한복음 19장 17절-21장**은 예수님의 십자가 수난과 부활 그리고 부활하신 후 제자들을 찾아오신 예수님에 대한 기록이다.
5. **사도행전 1장에서 12장**까지는 제자들이 오순절에 성령을 받은 사건과, 복음이 예루살렘과 유대를 넘어 사마리아 지역까지 전해진 기록이다.
6. **사도행전 13장-18장 22절**은 바울의 1, 2차 전도여행과 예루살렘 공의회의 기록이다. 그리고 바울이 2차 전도여행 때 머물렀던 고린도에서 쓴 **데살로니가전서**와 **데살로니가후서**를 읽는다. 또한 바울의 초기 편지인 **갈라디아서**도 이때 함께 읽는다.
7. **사도행전 18장 23절-19장**과 바울이 에베소 지역에서 고린도 교회에 보내는 편지 **고린도전서**와 **고린도후서**를 읽는다.
8. **사도행전 20장 1-3절**과 **로마서**를 읽는다.
9. **사도행전 20장 4절-21장 26절**은 바울이 3차 전도여행 후 예루살렘에 도착해 보고한 전도여행 보고서이다.
10. **사도행전 21장 27절-28장**까지는 바울이 예루살렘에서 잡혀서 가이사랴 감옥에서 2년간 머무른 후, 로마 황제에게 재판을 청구하여 로마까지 가는 이야기이다.
11. **에베소서, 빌립보서, 골로새서, 빌레몬서**는 바울이 로마 감옥에서 쓴 옥중편지이다.
12. 바울의 마지막 편지인 **디모데전서**와 **디도서**를 읽고 **디모데후서**를 읽는다.
13. **히브리서, 야고보서, 베드로전서, 베드로후서, 유다서**를 읽는다.
14. **요한일서, 요한이서, 요한삼서**를 읽는다.
15. **요한계시록**을 읽는다.

이 역사 순으로 신약성경을 읽고 공부하여 예수님을 깊게 만나자. 그리고 초대교회의 역사를 공부하자. 소아시아와 유럽까지 그리고 땅 끝까지 우리 예수님의 유언인 '복음' 을 전하려 했던 바울을 만나보자. 예수님의 마음으로 교회들을 돌보며, 직접 갈 수 없을 때에는 편지를 보내서 성도들을 돌보며 사랑했던 사도 바울의 심정을 헤아려 보자. 그리고 로마의 핍박 가운데 있는 성도들을 위로하고 격려하기에 애썼던 초대교회 지도자들의 여러 편지들을 보며 감사함을 느껴보자. 우리도 이런 복음 편지를 누군가에게 써서 예수님의 증인이 되는 삶을 살도록 실천해 보자.

새판 짜기

- 신약성경을 역사순서대로 나눈 네 분류를 외워 봅시다.

- 오늘 읽은 내용을 참고하여 신약성경을 역사 순서대로 정리해서 적어 봅시다.

[하나님과] 통 [친구와] Tong [세상과] 通

이사야와 예레미야 선지자 시대, 국세 정세 한눈에 보기

모든 선지자들이 그렇지만, 특히 이사야와 이후에 있을 예레미야 선지자의 활동을 이해하기 위해서는 당시 국세 정세가 어떠했는지를 꼭 살펴봐 두어야 한다.

남유다 주변의 국제 정세가 혼돈 속에 빠져 있을 당시, 앗수르의 힘이 가장 막강했다. 앗수르는 아람, 북이스라엘, 남유다를 거쳐 애굽까지 정복하려는 제국주의를 펼치고 있었다. 그러나 남유다의 아하스 왕과 그의 아들 히스기야는 제국주의의 본질을 알지 못했기 때문에 세계를 경영하시는 분은 하나님이시라는 이사야의 충고를 무시했다. 한편, 끝내 우상숭배의 습관을 버리지 못했던 북이스라엘은 호세아 왕을 마지막으로 앗수르에 의해 멸망한다.

판 서른셋

로마 제국과 신약성경

33

마태복음에서 요한계시록까지
신약성경 전체가 로마 제국과 뗄 수 없는 관계에 있다.
이러한 배경을 가지고 신약성경을 공부해 보자!

신약성경 전체의 배경은 로마 제국 시대이다. 예수님이 이 땅에 오시기 전에 요셉과 마리아가 호적하기 위해 해산을 앞두고도 베들레헴까지 가야 했던 이유가 바로 정확한 세금을 걷기 위한 로마의 명령이 있었기 때문이다. 신약성경의 마지막 책인 요한계시록의 배경 또한 요한이 로마에 의해 채석장이 있었던 밧모 섬에 유배되었을 당시 기록한 책이다. 그래서 마태복음에서 요한계시록까지 27권 전체가 로마 제국과 뗄 수 없는 관계에 있다.

로마 제국은 그 전에 있던 제국들 즉, 앗수르, 바벨론, 페르시아, 헬라 제국과는 달리 유대에 대해서 특별한 정책을 펼쳤다. 로마는 자신들이 점령한 나라에 보통은 전직 집정관을 총독으로 파견하는 것이 상례였다. 그러나 유대 나라에만 분봉 왕과 총독을 동시에 파견했다. 발 빠른(?) 국제 감각과 정치력이 있었던 헤롯이 로마의 유력한 정치인들과의 교류로 인해 유대의 분봉 왕으로 유대를 다스리고 있었고, 로마에서 파견한 총독은 군사적인 면에 집중하며 유대 민족이 로마에 반란을 일으키지 못하도록 억누르는 정책을 펼쳤다.

한 생명을 천하보다 소중하게 여기셨던 예수님께서 헤롯에게만은 '저 여우' 라는 말을 쓰셨다. 그만큼 헤롯은 교활했다. 헤롯은 분봉 왕으로서 로마와 유대인을 위한 각각의 정치적인 제스처를 취했다. 로마를 위해서는 가이사랴(카이사레아)라는 도시를 지어 로마를 기쁘게 했다. '가이사랴' 는 '카이사르의 도시' 라는 뜻이다. '카이사르' 는 성경에 '가이사' 라고 기록되어 있는 로마 황제의 칭호 자체를 의미한다. 새로운 도시를 만들어 로마 황제를 기쁘게 했으니 그의 정치력은 유대에서 탄탄할 수밖에 없었다. 그리고 헤롯은 유대인들을 위하여 예루살렘 성전을 다시 짓도록 건축을 하였다.

헤롯 때 지어진 예루살렘 성전은 유대 역사상 세 번째 지어진 성전이었다. 첫 번째는 솔로몬 시대에, 두 번째는 바벨론과 페르시아 포로에서 돌아온 학개 · 스가랴 시대에, 그리고 세 번째는 위에서 말한 대로 헤롯 시대에 지어진 것이다. 특히 헤롯은 46년간이나 예루살렘 성전 공사를 하면서 지금까지와 달리 가장 큰 규모로 성전을 지었기 때문에 그의 악한 정치에도 불구하고 유대인들의 환심을 사기도 했다.

이렇게 여우같은 헤롯과 더불어 로마에서 파견된 총독들은 강력한 군사력으로 유대 백성들을 억눌렀다. 신약성경에 나오는 대표적인 총독으로는 예수님을 십자가에 못 박도록 허락한 빌라도와 바울 시대의 벨릭스를 들 수 있다.

빌라도 총독 시대의 로마의 황제는 제2대 황제인 티베리우스였다. 티베리우스는 매우 고약한 황제였다. 그는 로마에 머물지 않고 카프리 섬에서 로마 각 식민지에 있는 총독들의 보고를 받고 명령을 내리는 정치를 했다. 만약 황제가 로마에서 정치를 했다면 어지간한 변명과 아부가 통했을 것이다. 그러나 티베리우스 황제는 오직 서류(문건)로만 보고를 받았기 때문에 당시 각 나라에 파견되어 있던 총독들은 정치하는 데에 상당한 어려움이 있었다.

티베리우스 황제는 특히 민란을 가장 싫어하였다. 민란이 일어났다는 보고를 받으면 파견된 총독은 바로 소환당하였다. 그렇기에 빌라도 총독이 유대의 민란에 대해서 그토록 예민했던 것이다. 이러한 정치적 형편을 알고 있던 당시 유대의 대제사장과 서기관과 바리새인들은 예수님을 죽이기 위해 그 죄목을 '유대인의 왕'이라는 이름으로 즉, 민란의 주동자로 삼았던 것이다. 예수님이 유대인의 왕으로 자처하며 민중들의 힘으로 로마를 대적하려 한다는 것이었다.

빌라도는 예수님이 그러한 의도와 죄가 없음을 알고 있었음에도 불구하고 대제사장과 바리새인들과 서기관들의 고발을 받아들일 수 밖에 없었다. 왜냐하면 대제사장 세력이 오히려 예수님을 빙자하여 민란을 일으킬 수 있는 힘이 있음을 빌라도는 알고 있었기 때문이다. 그래서 대제사장 세력의 비위를 맞추기 위해 오히려 예수님을 희생양으로 삼았다. 우리 예수님은 이런 형편을 모두 아시면서도 우리의 죄를 위하여 기꺼이 십자가에 오르신 것이다.

총독 벨릭스는 사도 바울이 3차 전도여행 후 예루살렘을 방문했을 때 관련된 인물이다. 사도 바울이 예루살렘에 방문했을 때 예수님을 십자가에 못 박게 했던 대제사장 세력들이 이번에는 바울을 죽이려 하였다. 그러나 바울이 로마 시민권자임을 안 로마의 천부장(1,000명의 대장)은 로마 군인 470명을 동원하여 바울을 보호하고 총독이 있는 가이사랴로 바울을 올려 보냈다. 가이사랴에서 바울은 2년간 감옥에 있었다. 그 때 로마 총독 벨릭스는 자주 바울을 만나 예수님에 관한 이야기를 듣고 배웠었다. 그러면서 한편 벨릭스는 바울에게 큰돈이 있을 거라고 생각하여 돈을 요구했었다.

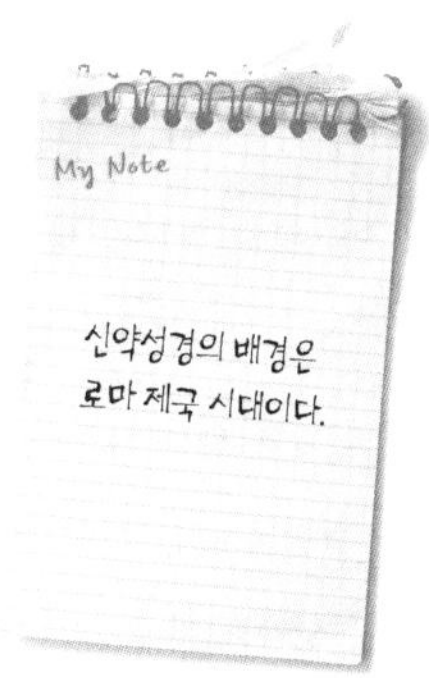

미녀는 석류를 정말 좋아하는지 모르겠지만 로마 총독은 확실히 재물을 좋아한다. 빌라도 총독이 십자가에 달린 예수님의 시신을 부자 아리마대 요셉에게 내어 준 것을 기억해 보자. 아리마대 요셉 앞에 '부자' 라는 단어가 붙어 있지 않았다면 빌라도는 아리마대 요셉을 만나지도 않았을 것이고, 예수님의 시신을 장사 지내도록 내어 주지도 않았을 것이다. 이렇게 빌라도나 벨릭스와 같은 총독들은 늘 재물을 좋아했었다. 로마에서 유대를 포함한 동방 지역에 총독으로 파견된다는 것은 부자가 되는 지름길이었음을 누구나 알고 있던 시대이다.

모든 제국이 그러하듯이 로마도 세금 걷는 일에 열심이었다. 로마는 자신들이 정복한 나라에서 세금을 걷을 때 그 나라 사람들을 활용하는 것이 대부분이다. 왜냐하면 본토 사람들이 그 나라의 사정을 가장 잘 알기 때문에 빠뜨림 없이 정확하게 세금을 걷는 이점이 있기 때문이다. 그래서 신약성경에 나오는 마태와 삭개오 같은 인물이 나오는 것이다.

로마와 관련된 이야기를 좀 더 하자면, 유대인의 사형법은 돌로 쳐 죽이는 것이고, 로마의 대표적인 사형법은 십자가 처형이다. 신약성경에 보면 스데반은 돌에 맞아 죽었고, 우리 예수님께서는 로마의 사형법인 십자가에서 돌아가셨다. 또한 모든 길은 로마로 통한다고 했다. 그 길을 오히려 활용한 사람이 사도 바울이다. 바울이 소아시아와 유럽에 이르기까지 그 넓은 지역을 전도할 수 있었던 것도 사실 로마 제국이기 때문에 가능했던 일이다. 당시 바울이 그토록 넓은 지역을 다니며 전도할 수 있었던 이유는 로마 제국의 모든 길이 너무나 잘 정비되어 있었고 치안과 안전이 보장되어 있었기 때문이다.

베드로와 바울과 같은 초대교회의 지도자들은 예루살렘이 아닌 로마에서 순교했다. 그때 로마는 5번째 황제인 네로가 다스릴 때이다. 네로는 기독교인들을 많이 박해했기 때문에 로마의 많은 황제들 중, 어느 누구보다도 가장 유명한 황제로 오늘날까지 그 이름을 알리고 있다. 이렇게 신약성경과 로마 제국은 밀접한 관계가 있다. 이러한 배경을 가지고 신약성경을 공부한다면, 성경을 공부하며 이해하는데 훨씬 많은 도움을 받게 될 것이다. 이제 신약성경공부로 출발해 보자!

Let' s start!

새판 짜기

오늘 배운 내용과 연관 지어, 역사적 사건의 시대적 배경을 아는 것이 왜 중요한지 나의 생각을 적어 봅시다.

36년간 일제의 식민지 속에 살았던 우리나라의 역사와 로마 제국하의 유대의 모습에서 공통점을 찾아 적어 봅시다.

판 서른넷

마태복음 공부

34

마태는 28장이나 되는 긴 내용을
정성껏 기록하여 우리 손에 들려주고 있다.
마태복음은 우리 예수님을 만나는 아주 소중한 책이다.

마태복음은 "아브라함과 다윗의 자손 예수 그리스도의 계보라"라고 시작한다. 이것은 마태복음의 핵심이고 신약성경 전체의 키워드이다. 아브라함은 B.C.2000년대 사람이고, 다윗은 B.C.1000년대의 사람이다. 마태는 유대인들이 가장 사랑하는 왕 다윗을 아브라함과 예수님 사이 1000년의 징검다리로 삼은 것이다. 이것은 마태가 마태복음을 읽을 대상으로 유대인들을 염두에 두었기 때문이다. 당시 예수님을 만나기 전 바울처럼 모든 유대인들은 편협한 구약성경 이해를 가지고 유대인들만이 하나님의 자녀라는 선민의식에 사로잡혀 있었다. 그래서 죄인을 구하러 이 땅에 오신 예수님을 하나님의 아들로 이해할 수 없었던 것이다.

My Note

죄인을 부르러 이 땅에 오신 예수님은 마태를 찾아가셔서 제자로 삼아 주셨다.

4복음서의 기자 중 마태는 요한과 함께 예수님의 제자이다. 그런데 마태는 세리 출신이다. 당시 유대 사회에서는 세리와 창녀를 동급으로 취급할 정도로 세리는 멸시받는 직업이었다. 그런데 마태가 예수님의 열두 제자가 되었고, 마태복음을 기록하는 은혜를 입은 것이다. 예수님은 당신이 이 땅에 오신 이유를 죄인을 부르러 오셨다고 말씀하셨다. 죄인을 부르러 이 땅에 오신 예수님은 직접 세리 마태를 찾아가셔서 제자로 삼아 주시고 새 삶을 열어 주셨던 것이다.

마태는 그의 평생 이 은혜가 너무나도 감사했던 것이다. 그래서 마태는 열두 제자의 명단을 말할 때 본인의 이름 앞에만 세리 마태라고 기록했다. 다른 제자들의 이름 앞에는 어떤 수식어도 없다. 오직 자기 이름 앞에만 그의 부끄러운 과거의 직업을 밝혀 예수님의 은혜를 입은 자임을 고백한 것이다.

우리 민족은 세계에서 유대인의 고통을 가장 잘 이해하는 민족일 것이다. 왜냐하면 일본에게 36년간 나라를 빼앗긴 경험을 해봤고, 동족상잔의 전쟁을 통해 남과 북이 나뉘어지는 쓰라린 역사를 안고 있기 때문이다. 어르신들은 일제 강점기에 대해서 가끔 이렇게 말씀하신다. 일제강점기에 일본인들의 만행도 만행이었지만, 친일파 한국사람들이 더 미웠노라고 하신다. 그것처럼 로마 제국하의 유대인들도 로마만큼이나 친 로마파 세리들을 무척 미워했었다. 마태와 삭개오가 그런 케이스이다.

그런데 우리 예수님은 그들을 찾아가셔서 로마 제국이 아닌 천국을 소개하시고, 천국 백성이 되는 길을 열어 주셨다. 예수님이 그런 분이시라고 마태는 증언하는 것이다. 세리 출신 마태는 매우 꼼꼼하다. 그래서 예수님에 대해 꼼꼼하게 잘 기록하였다. 우리는 마태복음을 통해서 예수님의 사역과 사람 사랑하심을 자세히 알 수 있다.

마태복음 1장을 펴 보면, 처음에 좀 당황하는 사람도 있을 것이다. 그러나 자세히 살펴보면 마태복음 1장에는 구약 2000년의 역사가 다 들어 있고, 그 안에 빛나는 예수님을 알아볼 수 있다. 위에서도 언급했지만, 유대인들은 다윗 왕을 가장 존경하고 사랑한다. 그런데 마태는 일부러 다윗이 가장 감추고 싶어 하는 우리아(우리야)의 이름을 밝혀 놓았다. 솔로몬의 어머니 밧세바라고 기록해도 아무 문제가 없을 텐데 "다윗은 우리야의 아내에게서 솔로몬을 낳고"라고 기록하고 있다. 다윗이 죄 없는 우리아를 죽이고 그의 아내를 빼앗은 일은 죄라는 것이다. 그것은 아무리 다윗 왕이라 할지라도 예수님께 구원받아야 하는 죄인이라는 것이다.

마태복음 5, 6, 7장을 보면 산 위에서 설교하시는 예수님을 마태는 그림을 보듯이 묘사한다. 우리 예수님께서 산 위에 오르셔서 천국에 대해 쉽게 설명해 주신 장면이다. 당시 로마 제국하에서 유대인들은 대부분 가난하고 힘없고 교육의 혜택하고는 먼 생활을 하는 사람들이었다. 그런 유대 백성들을 위하여 농사짓는 사람들이 알아듣기 쉽게 씨 뿌리는 비유로, 주부들을 위해서는 누룩의 비유로, 장사하는 사람들을 위해서는 달란트 비유로 천국에 대해 쉽게 가르쳐 주시는 예수님을 소개하고 있다.

이 마태복음을 읽은 많은 유대인들은 예수님의 사역과 사람 사랑하심을 이해하게 되었고, 그들의 오해를 풀기 시작했다. 마태복음은 28장이나 되는 긴 내용이다. 마태는 이 긴 내용을 한 자 한 자 정성껏 기록하여 우리 손에 들려주고 있는 것이다. 예수님의 제자 마태의 증언인 마태복음은 우리 예수님을 만나는 아주 소중한 책이다.

- 마태복음을 통독하고 나에게 주시는 예수님의 말씀 또는 깨닫게 된 점을 적어 봅시다.

- 예수님의 족보에 나오는 여자들의 이름을 적어 보고, 외워 봅시다.

판 서른다섯

마가복음 공부

35

바나바의 조카 마가가 쓴 마가복음에는
예수님의 이적과 기사가 많이 기록되어 있다.
사랑 때문에 피곤하셨던 예수님의 사역을 너무나 잘 증거하고 있는 것이다.

우리 예수님의 기록인 4복음서 중 하나인 마가복음은 사도행전에 등장하는 초대교회 지도자 바나바의 조카 마가가 쓴 기록이다. 마가는 상당히 부유한 집의 아들이었다. 초대교회 성도들 120명이 마가의 다락방에서 기도했다는 기록의 바로 그 다락방 주인인 것이다. 그의 삼촌 바나바는 초대교회의 가난한 성도들을 위해 그의 전 재산을 바친 대단한 사람이었다. 그리고 바울이 교회에서 일할 수 있도록 소개한 사람이며, 바울과 함께 1차 전도여행을 한 초대교회의 중심 인물이었다.

그래서 마가는 어려서부터 초대교회 성도들에게 매우 귀히 여김을 받았을 것이다. 더 나아가 마가는 그의 삼촌 바나바와 바울의 1차 전도여행 때 함께 나섰던 믿음 있고 용기 있는 사람이었다. 그런데 전도여행이 생각보다 너무 힘들었던 것이다. 부잣집 도련님이었던 마가는 결국 전도여행 중 도중에 포기하고 집으로 돌아와 버릴 정도였다. 그런데 바울과 바나바는 그 어려움을 끝까지 참아 견디며 2년 동안 소아시아 지역에 복음을 전하고 돌아온 것이다. 그때 마가는 무척 부끄러웠을 것이다.

얼마 후 마가에게 더 곤란한 일이 발생했다. 바울과 바나바가 2차 전도여행을 다시 계획하는데 두 분 사이에 언성을 높이는 일이 벌어진 것이다. 마가는 삼촌 바나바가 언성을 높이는 것을 본 적이 없었다. 바나바는 원래 본명이 아니다. 바나바의 이름은 요셉이고 별명이 바나바였다. 바나바의 뜻은 '위로자' 이다. 그만큼 바나바는 인격적인 사람이었는데 바울과 언성을 높이자 모두들 당황했던 것이다.

바로 마가 때문이다. 바울과 바나바 모두 목숨 걸고 주의 복음을 위해 나선 사람들이다. 그들은 사사로운 일에는 언성을 높일 일이 없었다. 그러나 복음을 위해서는 주장을 강력하게 펼칠 수밖에 없는 열정의 사람들이다. 바나바는 2차 전도여행에 마가를 데려가 다시 기회를 주자고 제안했다. 그러나 바울은 2차 전도여행에 마가를 데려갈 수 없다고 주장하는 것이다. 바울은 그 험난한 전도여행 중 지난번처럼 또 마가가 중간에 돌아간다면 전도 계획을 중간에 수정해야 하고 많은 어려움이 있다는 생각이었다. 그러나 바나바는 마가를 변호하며 이번에는 정말 잘할 것이라고 마가와의 동행에 대해 의견을 굽히지 않는 것이다.

My Note

예수님께서는 식사하실 겨를도 없이 사람을 사랑하셨다.

마가가 그때 얼마나 곤란했겠는지 상상해 보자. 바울과 바나바의 열정은 결국 2팀의 전도대로 나뉘는 결과를 가져왔다. 바울은 실라와 함께, 바나바는 마가와 함께 각각 전도여행을 떠나게 된 것이다. 당시 이 팀 외에도 많은 전도팀이 있었을 것이다. 그러나 사도행전에는 대표적으로 바울의 전도팀만 소개되었기에 안타깝게도 우리는 바나바와 마가의 전도여행에 대해서 알지 못하게 되었다. 천국에 가서 바나바와 마가를 만나면 밤새워 전도여행의 고생담과 성령님의 역사에 대한 간증을 들어 보자.

우리가 알 수 있는 것은 세월이 지나 마가가 교회의 매우 중요한 지도자가 되었다는 것이다. 사도 바울의 마지막 편지인 디모데후서에 보면 마가를 데려오라는 구절이 있다. 바울이 죽음을 앞두고 마가를 만나 교회를 부탁하려는 것이었다. 마가를 위한 바나바의 사랑과 교육이 대단했음을 짐작케 하는 대목이다. 그리고 마가는 우리 예수님의 기록인 마가복음을 썼다.

마가복음에는 예수님의 이적과 기사가 많이 기록되어 있다. 중풍병자와 혈우병 걸린 여인, 손 마른 자를 고치신 일들이 기록되어 있고, 특히 거라사 광인을 온전케 하신 일이 기록되어 있다. 광풍이 부는 것도 모르실 만큼 피곤하셔서 배에서 주무시던 예수님이 그 밤에 찾아가셔서 고쳐 준 사람이 바로 거라사 광인이었다. 사랑 때문에 너무나 피곤하셨던 우리 예수님의 사역을 마가는 너무나도 잘 증거하고 있는 것이다.

마가복음은 어린이를 사랑하시는 예수님을 소개하고 있다. 당시 어린이와 노인 그리고 여자들은 소외받는 집단이었다. 그러나 예수님은 어린이들을 무릎에 앉히시고 천국이 어린이들, 어린아이와 같은 자들의 것이라 말씀하시며 어린이들을 귀히 여기셨다.

식사하실 겨를도 없이 사람을 사랑하시며 3년을 보내신 예수님, 그 바쁜 중에도 한적한 곳을 찾아 기도하셨던 예수님을 마가는 우리에게 소개해 준다. 그래서 마가복음을 통해 우리는 오늘도 예수님을 만날 수 있는 것이다.

새판 짜기

만약 내가 지금 예수님을 알지 못했더라면
나는 어떤 모습일까요?

마가복음을 통독하고 기억에 남는 예수님의 모습을
적어 봅시다.

판 서른여섯

누가복음 공부

36

한 영혼의 소중함을 실천한 사람,
누가가 쓴 누가복음은 예수님에 대해
잘 기록되어 있다.

누가복음은 헬라 사람 의사 누가가 데오빌로 한 사람에게 우리 예수님을 소개한 열정의 편지이다. 우리 예수님께서 한 영혼의 소중함을 가르쳐 주셨는데, 그 말씀을 실천한 사람이 누가인 것이다. 한 사람의 영혼을 위해 이렇게 긴 편지를 쓸 수 있는 열정이 정말 대단하다. 복음 편지를 이렇게 누가처럼 써 보는 우리 10대 청소년들이 되었으면 좋겠다.

누가의 이 정성스런 예수님 소개의 글이 결국 데오빌로를 하나님나라 백성되게 하였다. 누가는 누가복음과 사도행전을 기록한 성경기자인데, 사도행전도 데오빌로에게 보낸 편지이다. 누가복음에서

'데오빌로 각하' 라고 호칭했던 누가는 두 번째 편지인 사도행전에서는 '데오빌로여' 라고 쓰며 친밀하여진 관계를 우리에게 알려 주고 있다.

구약성경은 히브리어로 기록되어 있다. 그리고 신약성경은 헬라어로 기록되어 있다. 누가는 헬라 출신 역사가이며 의사였기 때문에 누구보다도 헬라어에 능통했고, 예수님에 대해 역사적으로 그리고 자세하고 아름답게 기록할 수 있었다. 그래서 많은 음악가와 화가들이 그들의 작품을 위해서 누가복음을 가장 많이 읽었다고 고백을 한다.

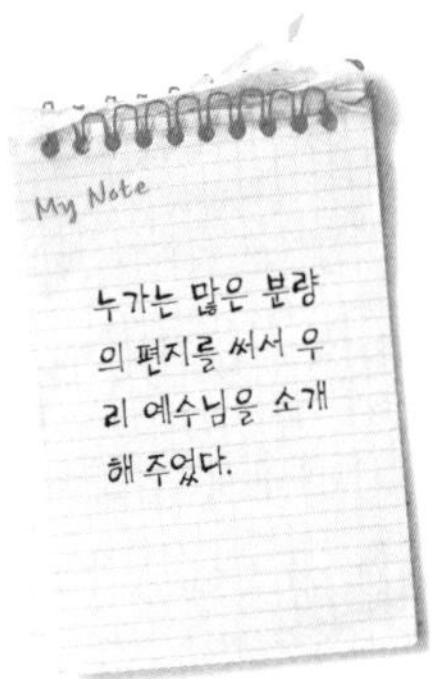

특히 오늘날까지 사랑받는 대다수의 르네상스 시대의 명작들과 명화들은 대부분 누가복음을 주제로 하고 있다. 예술가들이 가장 애독하고 사랑하는 성경이 바로 누가복음이다. 예술에 관심이 많은 우리 친구들은 누가복음을 열심히 읽으면 큰 도움을 받을 것이다.

마태와 요한은 예수님의 제자였기 때문에 예수님을 직접 만났고, 함께 3년을 생활한 경험이 있었다. 그러나 마가와 누가는 예수님의 열두 제자는 아니었지만 예수님에 대해서 열심히 듣고 배우고 자료를 모아서 예수님에 대해 기록하는 은혜를 누리게 되었다. 믿음이 들음에서 난다는 증거이다. 예수님을 알리겠다는 성경 기자들의 열정 덕분에 오늘 우리가 이렇게 쉽게 예수님을 소개받고 만나고 믿는 것이다.

누가에 대한 기록은 바울이 감옥에서 쓴 편지 중에 "사랑받는 의원 누가"라는 기록과 또 "누가만 나와 함께 있느니라"(딤후 4:11)로 알 수 있다. 누가는 바울이 2차 전도여행 중 만난 의사로 바울의 제자가 된 사람이다. 누가는 감옥에까지 따라 들어가 복음을 위해 매 맞고 고문당하고 다친 바울을 치료한 바울의 주치의 겸 제자였다. 누가는 바울이 순교하는 최후까지 바울을 지켜 주었고, 바울의 순교 이후 교회들을 책임졌으며, 누가복음과 사도행전을 기록하여 예수님의 사역과 초대교회의 성령의 역사하심에 대해 우리에게 알려 주고 있는 것이다.

의사였으며 역사가였던 누가는 예수님에 대한 모든 기록을 처음부터 차례대로 잘 기록하였다. 누가는 예수님이 나시기 전 들러리의 기쁨을 말한 세례 요한에서부터 그의 글을 시작한다. 그리고 예수님의 육신의 어머니인 '마리아의 노래'를 구약의 '한나의 노래'처럼 아름답게 기록하였다. 누가는 로마의 첫 번째 황제 아구스도가 세금을 걷기 위해 로마 제국 모든 사람들에게 다 호적하라고 명령했다는 것을 기록하였다. 또한 누가는 다른 복음서와 달리 예수님의 어린 시절 모습을 기록해 놓아서 키가 자라고 지혜가 자라고 하나님의 은혜가 그 위에 있으셨던 우리 예수님의 어린 시절을 알려 주었다.

누가복음에는 예수님의 이 세상에서의 마지막 일주일에 대해 자세히 증언되어 있다. 예수님께서 십자가에 달리시기 전 감람산에서 기도하신 기록이 있는데 얼마나 열심히 기도하셨던지 땀이 땅에 떨어지는 핏방울 같았다는 표현을 하고 있다.

또한 누가는 우리 예수님께서 끌려 다니시며 고통받으신 기록도 남겼다. 대제사장 집으로 끌려가셨고, 빌라도에게 끌려가셨고 그리고 골고다로 끌려가신 예수님을 알려 주어서 예수님의 수난을 우리가 알도록 해 주었다. 십자가에서 못 박히시며 물과 피를 쏟으시고 마지막까지 우리를 사랑하신 예수님을 우리에게 알려 주지 않았다면 우리는 예수님에 대해 잘 모르는 삶을 살았을 것이다. 한 자 한 자 읽기에도 벅찬 분량의 편지를 써서 우리 예수님을 소개해 준 누가가 참 고맙다.

새판 짜기

- 누가는 데오빌로에게 예수님을 소개했습니다.
그렇다면 나는 누구에게 예수님을 소개할 수 있을까요?

- 예수님의 모습을 그림으로 그려보거나 짧은 글을 지어
써 봅시다.

[하나님과] 통 [친구와] Tong [세상과] 通

순종이 사건을 일으킵니다

아주 분명한 사실은 말씀을 믿고 좇는 가운데 사건이 일어난다는 것입니다. 하나님 말씀이 살아 있고 능력이 있다는 것은 무엇을 의미합니까? 그것은 말씀을 들은 자들이 실천적 순종으로 움직인다는 것입니다. 실천적 순종을 거절하는 이들에게는 하나님의 말씀이 허공의 메아리가 되고 맙니다. 하나님의 말씀 자체가 능력이 없어서입니까? 아닙니다. 말씀대로 바로 움직이는 사람이 없기 때문입니다.

우리는 성경을 보면서 '은혜', '사랑', '섬김', '헌신', '소망' 같은 명사들뿐만 아니라 '좇아갔고', '일어났고' 하는 동사에도 많은 관심을 가져야 합니다. 왜냐하면 '섬김'과 '헌신' 같은 명사는 부단히 행동을 일구어 낸 '동사'가 축적된 결과이며, 수많은 성경의 인물들의 땀의 결정체이기 때문입니다. 믿는 자의 땀 흘림은 다른 이의 마음을 움직일 수 있음은 물론이요, 시대를 움직입니다. 순종, 그 순종에 의한 실천이 사건을 일으킵니다.

판 서른일곱

요한복음 공부

37

예수님의 사랑을 가장 많이 받은 요한은
예수님께서 십자가에 달리실 때,
끝내 예수님 곁을 지켰다.

요한복음은 4복음서 중에 가장 늦게 기록된 책이다. 요한은 예수님의 열두 제자 중 한 사람이었고, 예수님의 제자 중 가장 나이 어린 제자였다. 그래서 예수님께서는 특히 요한을 많이 사랑해 주셨다. 예수님께서는 12명의 제자 중 따로 3명을 불러 교육하시곤 했는데, 바로 베드로와 야고보와 그리고 가장 어린 요한이었다.

야고보와 요한은 한 형제였다. 형과 아우가 모두 예수님을 따르는 제자가 되었다니 정말 부러운 집안이다. 형인 야고보는 예수님의 제자들 중 가장 먼저 순교하였고, 동생인 요한은 제자들 중 가장 나중까지 살면서 초대교회들을 돌보다가 요한복음과 요한 1 · 2 · 3서, 그리고 요한계시록을 기록하고 밧모 섬에서 순교하였다. 제자들 중 두 형제가 순교의 처음과 나중을 책임진 것이다.

예수님의 사랑을 가장 많이 받은 요한은 예수님께서 십자가에 달리실 때에도 다른 제자들처럼 도망하지 않고 끝내 예수님 곁을 지켰다. 그래서 예수님께서는 어머니 마리아를 요한에게 부탁하신 것이다. 요한은 자신이 예수님 품에 안긴 적도 있다고 자랑한다. 예수님의 사랑을 많이 받은 요한은 그렇게 많은 성도들을 사랑하며 그의 한평생을 보낸 것이다.

요한은 예수님에 관한 이야기의 시작을 '태초'로 한다. 요한은 우리 예수님이 태초부터 하나님과 함께하신 분이며 우리를 위해 이 땅에 오신 구세주이심을 알려 준다. 요한은 특히 예수님의 7가지 기적을 자세히 기록하고 있다.

1. 가나의 혼인잔치에서의 기적
2. 왕의 신하의 아들을 고쳐 주신 기적
3. 베데스다 못가의 38년 된 병자를 고쳐 주신 기적
4. 보리떡 다섯 개와 물고기 두 마리로 5천 명을 먹이신 기적
5. 물 위를 걸으신 기적
6. 날 때부터 소경된 사람을 고쳐 주신 기적
7. 죽었던 나사로를 살리신 기적

그리고 요한복음 마지막 장인 21장에서는 예수님께서 부활하신

후 디베랴 바닷가에서 제자들에게 나타나신 모습을 증언한다. 닭 울기 전 예수님을 엉겁결에 3번이나 부인하고 깊은 죄책감에 빠져 고통스러워하고 있던 베드로에게 예수님은 먼저 찾아오셔서 위로하시고 다시 사명을 주시는 모습이 기록되어 있다. 다시 기회를 주시는 우리 예수님이 정말 좋다. 끝까지 예수님을 지켜 드리겠다고 큰 소리쳤던 베드로, 예수님을 따르고 싶지만 너무 두려워 도망 나오는 자기 자신이 너무나도 부끄러웠던 베드로의 마음을 예수님께서는 잘 알고 계셨던 것이다.

My Note

예수님과 하나님에 대해 더 깊은 생각을 한 요한은 '하나님은 사랑이시다' 라고 말한다.

예수님은 베드로에게 더 큰 사명을 주신다. 베드로는 "내 양을 먹이라" 라는 예수님의 말씀에 힘입어 그의 남은 평생 열정적으로 예수님의 증인의 삶을 산다. 부활하신 주님은 제자들에게 더 큰 사명을 주시며 사도가 되게 하셨다. 그 힘으로 사도가 된 제자들은 초대교회를 이끌었고, 더 포악해진 로마와 대제사장 세력에 맞서 당당히 싸울 수 있었던 것이다.

마태가 자기 이름 앞에 '세리' 라고 기록했다면, 요한은 자기를 표현할 때 '예수께서 사랑하시는 제자' 라고 기록했다. 예수님에 대한 기록을 정리하면서 아무리 생각해 봐도 예수님께 받은 사랑이 너무 크다는 것이 요한의 생각이었다. 예수님의 시작을 '태초' 라고 생각해 낼 정도로 깊어진 요한은 예수님과 하나님에 대해서 더 깊이 생각한 결과 '하나님은 사랑이시다' 라는 선언을 한다.

"하나님이 세상을 이처럼 사랑하사 독생자를 주셨으니 누구든지 예수 믿으면 멸망하지 않고 영생을 얻는다." 요한이 우리에게 준 선물이다.

- 살아가면서 주인공이 아닌 들러리로서 기뻤던 기억이 있나요? 있다면 언제였나요?

- 예수님의 부활에 대한 나의 생각을 적어 봅시다.

판 서른여덟

예수님 특강 1

〈2009년 1월 숲과나무성경통독 청소년캠프 특강〉

38

돼지 2천 마리보다도 한 사람을 더 소중하게 여기신
예수님께서는 피곤하신 중에도
직접 찾아오셔서 그 사랑을 실천하십니다.

예수 그리스도에 관한 이야기를 여러분들은 얼마나 가졌습니까? 우리 주님을 알려면 마태복음, 마가복음, 누가복음, 요한복음 이 4복음서를 열심히 읽는 것이 가장 효과적인 방법입니다. 우리 주님에 관한 소개서를 쓴 마태는 나라가 로마에 빼앗겨 있는 시대 상황에 태어나 자랐습니다. 그러니 미래나 희망을 가질 수 없는 상황이었던 것입니다. 그래서 마태는 어떻게 살지 고민하다가 차라리 '재물을 인생의 목적으로 사는 게 좋겠다.' 라는 결단을 내렸습니다. 마태의 꿈은 부자가 되는 것이었습니다. 그래서 부자가 되는 방법을 찾았고, 로마 제국 편에 서기로 했습니다.

로마는 나라라고 부르기보다는 제국이라고 부릅니다. 제국이란, 여러 나라를 빼앗아 자기 속국으로 삼고 그 모든 나라로부터 세금을 거두어 점점 부자가 되고 강한 나라가 되는 것을 말합니다. 이사야 선지자 때 즉, 히스기야 왕 때 등장했던 제국이 앗수르입니다. 앗수르라는 제국은 바벨론이라는 제국에 의해 망했습니다. 그래서 앗수르의 모든 재물이 바벨론으로 다 넘어갔습니다. 그런데 이 바벨론이라는 제국은 페르시아 제국에 의해 멸망했습니다. 그래서 바벨론에 와 있던 모든 재물을 다시 페르시아가 가지고 간 것입니다. 그런데 그 페르시아는 또 헬라에게 망합니다. 헬라 제국을 세운 사람은 알렉산더라는 사람입니다. 그래서 헬라 제국이 페르시아의 모든 부를 다 가지고 간 것입니다. 하지만 결국 이 헬라 제국도 망하게 되고 새롭게 제국을 세운 나라가 바로 로마입니다.

로마가 얼마나 큰 부자 나라였는지 지중해라는 바다를 호수로 쓸 정도였습니다. 육지로 둘러싸여 있는 못을 호수라고 합니다. 그런데 로마는 아프리카, 아시아, 유럽 전체 지중해 인근에 있는 모든 땅을 가지고 있어서 지중해를 로마의 호수라고 불렀습니다. 그러니 로마는 상상할 수 없는 부자 제국의 나라였던 것입니다. 많은 사람들이 바로 이 재물 때문에 로마 편에 서서 로마의 이익을 돕는 일을 많이 했습니다.

성경을 보면, 마태 같은 사람이 그랬습니다. 로마 제국은 비록 다른 나라 사람이라도, 로마 제국 편에 서는 사람들에게 세금을 걷을 수 있는 기회를 주었습니다. 마태도 그 기회를 얻었고, 그는 유대 민족

My Note

예수님은 하나님에 대해 무지한 인간들의 오해를 이해로 이끌어 주셨다.

출신이었기에 유대 민족으로부터 세금을 걷습니다. 로마의 명령으로 세금을 거둔 마태는 로마가 원하는 만큼 그 돈을 바치고, 좀 더 세금을 거두어서 자기 주머니에 집어넣을 수 있었습니다. 로마 제국은 세금을 걷는 사람들에게 이런 기회를 주었던 것입니다. 마태는 바로 그 길을 선택했고, 재물을 모을 수 있었습니다. 그 모은 재물을 가지고 집도 크게 만들고, 집안의 좋은 가재도구들도 새롭게 갖다 놓고, 옷도 사고, 맛있는 음식으로 잔치도 열며 그렇게 살고 있었던 것입니다.

그런데 같은 동족인 유대인들은 마태를 보면서 마음이 편치 않았습니다. 겉으로 얼굴을 직접 보면서는 욕하지 못해도 속으로는 다들 마태를 욕했습니다. 자신들을 괴롭혀서 로마에 도움을 주고, 또 마태 자신의 주머니만 채우고 있으니 유대인들의 입장에서는 그런 마태가 로마보다도 더 미웠던 것입니다. 마태는 자기의 모든 동족들이 자신을 보면서 욕하고 있다는 사실을 다 알았지만 '실컷 욕해라. 대신 나는 큰 재물을 취하겠다.' 라는 생각으로 인생을 살고 있는 사람이었습니다.

그런데 그렇게 큰 재물을 모아서 살고 있는 마태에게 어느 날 우리 예수님이 찾아오신 것입니다. 여러분, 세상에서는 훌륭한 선생님이 계시면 제자가 되고 싶은 학생이 그 선생님을 찾아가야 합니다. "선생님, 제가 제자가 되겠습니다. 수업료도 내겠습니다. 저를 받아서 가르쳐 주세요."라고 부탁해야 합니다. 그런데 우리 예수님께서는 친히 마태를 찾아가셨습니다. 그리고 마태에게 제국 대신 천국을 한 번 선택해 보라 말씀하신 것입니다.

마태의 눈에 제국은 많은 재물과 군대를 가지고 있고 대단한 힘이 있지만, 예수님이 지금 선택하라는 천국은 아무것도 없어 보였습니다. 그런데 마태의 마음이 움직이기 시작했습니다. 그래서 결국 마태는 재물을 놓고 천국을 선택하고 예수님을 따랐습니다.

그런데 예수님의 제자가 되자마자 예수님께서 말씀하십니다.

"심령이 가난한 자는 천국이 저희 것이며…"

이 말을 듣는 순간 마태의 마음은 터져 버릴 것 같았습니다. 한 번도 생각해 보지 않은 말씀이었기 때문입니다. 더 나아가서 "애통하는 자는 복이 있나니 그들이 위로를 받을 것임이요 … 긍휼히 여기는 자는 복이 있나니 그들이 긍휼히 여김을 받을 것임이요 … 화평하게 하는 자는 복이 있나니 그들이 하나님의 아들이라 일컬음을 받을 것임이요" 이렇게 천국을 말씀하시며 새로운 룰을 말씀하시는 것입니다. 예수님의 이 말씀을 들은 마태가 얼마나 행복했을지 상상이 가십니까?

우리가 같은 인간이라는 이유 하나로, 세상에서 소외당한 사람들까지도 함께 끌어안고 울며 눈물을 흘리고 결국 그들과 함께 가야 될 나라가 바로 천국입니다. 이것이 천국을 꿈꾸시는 우리 예수님의 말씀입니다.

로마 제국은 제국을 유지하기 위해서 강한 군대를 가지고 있었습니다. 로마 군대에서는 매일 훈련을 했으며, 로마 제국에서는 '훈련은 피 흘리지 않는 전쟁이다.' 라는 격언이 통했습니다. 피만 흘리지 않을 뿐이지, 로마 군인들은 매일 전쟁을 치루는 거나 마찬가지였습니다. 로마는 그 훈련을 통해서 제국을 유지했던 것입니다. 그런데 우리 예수님은 오히려 사회에서 높임 받지 못하고, 인정받지 못하는 사람들을 끌어안으시고, 그들에게 가난한 심령을 호소하고 긍휼히 여길 것을 당부하며 화평케 할 것을 원하시는 것입니다. 그러면서 바로 그 내용이 천국이라고 가르치셨습니다. 천국, 'Kingdom of God', 하나님의 나라를 가르치신 것입니다. 예수님의 말을 들은 사람들의 마음이 하나 둘 움직이기 시작했습니다.

우리 예수님은 제자들을 가르치시고, 때로는 오천 명, 만 명 수많은 사람들을 모아 놓고 제자들에게 가르쳤던 그 내용을 또 가르치셨습니다. 하나님에 대한 무지한 인간들의 오해를 이해로 이끌어 주셨습니다. 하나님이 품고 계신 마음의 진실, 그분께서 인간들을 어떻게 생각하고 계시며, 우리 인생들을 향해 어떤 마음으로 꿈꾸고 계시는지 진실을 하나하나 가르쳐 주신 것입니다.

My Note

제자들은 예수님과 시간을 보낼수록 그 분에 대해 알아 가게 되었다.

예수님께서 참 기뻐하셨던 것은 수천 명의 사람들이 예수님께서 말씀하시는 하나님에 대한 진실을 하루 종일 듣고 그 이튿날도, 그 다음 날도 듣겠다고 다시 모여드는 것이었습니다. 그런데 한 번은 벳새다 들녘에서 3일 동안 식

사할 시간이 없었던 것입니다. 이에 우리 예수님은 오히려 사람들의 육신의 건강이 걱정되셨습니다. 그리고 제자들에게 "저들에게 먹을 것을 주면 좋겠다."라는 말씀을 하셨습니다. 하지만 예수님의 제자들은 당황스러웠습니다. 왜냐하면 그곳에 모인 사람들이 남자만 오천 명 이상이었고, 거기에 어린아이들과 여자 그리고 노인들을 포함하면 너무나 많은 인원이었을 뿐만 아니라 주변에 있는 모든 음식들을 사 온다 할지라도 그들에게 나눠 먹게 할 수 없었고, 사실은 그 모든 것을 사 올 비용도 없었기 때문입니다.

그런 상황에서 우리 예수님께서는 응급 처방을 하십니다. 어린아이에게 보리떡과 물고기가 있다는 것을 아신 예수님께서는 그 보리떡과 물고기를 들고 하늘을 우러러 축사하십니다. 그러자 보리떡과 물고기가 바구니에 수북하게 담기게 됩니다. 예수님께서 그 바구니를 제자들에게 건네십니다. 이에 제자들은 그 바구니를 들고 사람들을 오십 명, 백 명 무리 지어 나누어 앉게 한 후 그 사이를 뛰어다니면서 보리떡과 물고기를 건넸습니다. 비록 보리떡과 물고기였지만 그 모든 사람들이 충분히 먹고 기운을 차릴 수가 있었습니다.

이쯤에서 생각해 봅시다. 응급 처방을 통해서 보리떡과 물고기를 모든 사람들에게 건넬 수 있는 능력을 가지신 예수님이시니 그 능력을 베푸실 때 한 사람, 한 사람 손에 직접 건네시지 왜 제자들의 손을 통해서 건네셨을까요? 제자들이 가만히 앉아서 놀고만 있는 것이 보기 싫어서 제자들을 고생시키려고 그러셨을까요? 당연히 아닙니다.

사실, 예수님께서 그곳에 모인 사람들에게 보리떡과 물고기가 하늘에서 툭툭 떨어지게 하는 것을 다 보이게 했으면, 삼 일 동안 들었던 하나님 나라 이야기보다 무엇을 더 크게 기억하겠습니까?

"어, 하늘에서 뭐가 떨어져서 봤더니 보리떡이 떨어지더라, 물고기가 떨어지더라."라는 이 기억이 너무 커서 예수님께서 말씀하신 하나님에 대한 진실, 천국에 대한 내용, 천국 백성을 꿈꾸는 사람들, 그 사람들을 향한 하나님의 그 간절한 용서의 열망, 이런 것들에 대한 기억을 희미하게 할 수도 있지 않습니까. 이처럼 예수님께서는 인간들에게 천국에 대해 가르치시고 그들의 육신의 배고픔을 채우고자 노력하셨던 것입니다. 비록 적은 수이긴 하지만 이제 우리 주님 곁에 하나님 나라를 꿈꾸는 사람들의 숫자가 늘기 시작했습니다.

그런 바쁜 나날들을 보내고 있는 어느 날 저녁, 예수님께서 제자들에게 "갈릴리에 배를 띄우자."라고 요청하셨습니다. 이에 제자들이 갈릴리에 배를 준비했습니다. 하늘이 어두컴컴해졌을 때, 드디어 우리 예수님께서 배를 타셨습니다. 그 배가 잠시 어느 쪽인가를 향해서 움직여 가는데 큰 풍랑이 일었습니다. 배가 출렁이기 시작했습니다. 어부 출신인 베드로, 요한, 야고보도 그 출렁이는 바다 물결 속에서 배를 안전하게 하는 데 어려움을 느꼈습니다. 그런데 이상하게도 배가 너무 흔들려서 배에 타고 있는 모든 사람들이 갈릴리 바다에 빠져 위험한 지경에 처하는 게 아닌가 싶은 그런 상황인데 우리 예수님께서는 주무시고 계시는 것입니다.

"왜 주무시고 계실까요?

1. 우리 주님은 배만 타면 주무시는 습관이 있으시다.
2. 사실은 주무시고 계시지 않지만 제자들이 어찌 하는지 지금 눈을 감고 지켜보고 계시는 것이다.
3. 정말로 주무시고 계신다. 몇 번일까요?"

My Note

사회에서 쓸모없는 존재라고 여기는 사람을 예수님께서는 높은 가치로 평가하신다.

예수님은 지금 정말 주무시고 계신 것입니다. 흔들리는 배 안에서 주무실 정도로 피곤하셨던 것입니다. 너무 피곤하면 그곳이 흔들리는 배 위든, 어느 곳이든 그냥 나도 모르게 눈이 감기고 누가 들어 옮겨도 모를 정도로 잠이 들 경우가 있습니다. 우리 예수님께서 그렇게 피곤하셨던 것입니다. 낮 시간 내내 마이크의 도움도 받지 않으시고, 그 많은 사람들에게 하나님에 대한 진실을 말씀하시는 데 지치신 것입니다. 그렇다고 해서 영양가 있는 음식을 많이 드시고 또 편히 쉬어 가면서 그 일을 하신 것도 아니었습니다.

다급해진 제자들이 예수님을 깨웠습니다. 잠에서 깨신 예수님께서 상황 파악을 하시고 말씀하십니다.

"바다야 잠잠하라."

그런데 그 순간 폭풍이 멈췄습니다. 우린 이 이야기를 들으면서 설마 하겠지만, 그 순간 제자들은 너무 놀랐습니다. 급한 마음에 예수님을 깨우긴 했지만 그분이 그 폭풍 치는 바다를 한마디로 잠잠케 하실 줄은 상상도 못했기 때문입니다.

예수님의 그 모습을 본 제자들은 예수님에 대해 다시 생각하게 됐습니다. 그분이 누구이신지 다시 생각하고 또다시 생각하게 된 것입니다. 이렇게 제자들은 예수님과 시간을 보내면 보낼수록 그분에 대해서 알아 가게 되었습니다.

그 배는 다시 원하는 목적지를 향해서 노를 저어 갔습니다. 그리고 그 밤에 도착한 곳이 바로 광인이 있는 거라사 지방이었습니다. 그 어두운 밤에 거라사 지방에 도착해서 봤더니 정신이 온전치 못한 사람이 있는 것입니다. 사람들은 그 광인이 정신이 온전치 못해서 자신이 누구인지도 모르자 용납하지 못하고, 무덤에 그냥 묶어 놓은 것입니다. 바로 이 사람을 위해 예수님께서 그 피곤한 몸을 이끌고 배를 타고 갈릴리 바다를 건너 찾아오셨습니다. 드디어 거라사 광인을 보신 예수님께서 말씀하셨습니다.

"귀신아 나와라!"

그러자 얼마나 많은 귀신이 그 속에 있었는지 2천 마리 돼지 떼로 나오는 것입니다. 그리고 그 돼지 떼 2천 마리가 갑자기 비탈길로 달려가더니 다 죽는 것입니다. 이는 예수님께서 돼지를 미워하셨기 때문이 아니라 돼지 2천 마리보다도 한 사람이 더 소중했기 때문입니다. 예수님께서는 거라사 광인을 통해 이 사실을 보여 주신 것입니다.

돼지 2천 마리를 키우는 사람 입장에서는 돼지 한 마리 한 마리가 바로 재산 가치입니다. 돼지 한 마리에 십만 원이라면 2천 마리면 2억 원입니다. 2억 원이면 사회에서 큰돈에 속하는 돈입니다. 그런데 사회에서 아무 가치도 없고, 쓸모없는 존재라고 무덤가에 버려 놓은 그 사람을 예수님께서는 2억 원 이상의 높은 가치로 평가하시는 것입니다. 그 피곤하신 중에도 직접 찾아오셔서 그 사랑을 실천하신 이 분이 우리 예수님이십니다.

새판 짜기

- 예수님은 나에게 어떤 분이신가요?

- 그렇다면 나는 예수님께 어떤 존재일지 생각해 보고, 적어 봅시다.

판 서른아홉

예수님 특강 2

〈2009년 1월 숲과나무성경통독 청소년캠프 특강〉

39

하나님께서 우리를 사랑하셨기에
우리 예수님이 이 땅에 오신 것입니다.
하나님의 계획은 분명합니다.

예수님은 이 땅에 오셔서 3년 동안 제자들과 시간을 보내시고 나서 아주 중요한 세 가지를 우리에게 알려 주셨습니다.

첫째, 하나님의 사랑을 알고, 알아 갈 수 있도록 해 주셨습니다. 우리는 하나님의 사랑이 무엇인지 잘 몰랐습니다. 구약성경 말라기에 보면 아브라함 이후 1600년 동안 하나님의 사랑을 받았던 이스라엘 백성들에게 하나님께서 말라기 선지자를 통하여 말씀하십니다.

"내가 너희를 사랑하였노라."

그러자 백성들이 대답합니다.

"주께서 어떻게 우리를 사랑하셨나이까?"

아브라함 이후 하나님께서 1600년 동안 그들을 친히 보듬어 안아 사랑하셨는데 그 사랑을 받은 이스라엘 백성들이 "하나님께서 어떻게 우리를 사랑하셨습니까? 우리는 사랑받은 기억이 별로 없습니다."라고 말하고 있는 것입니다. 하나님의 마음이 얼마나 아프셨을지 생각해 봅시다. 그래서 400년이라는 시간 동안 하나님께서 침묵하십니다. 그리고 하나님께서는 그의 아들 예수 그리스도를 이 땅에 보내십니다.

"하나님이 세상을 이처럼 사랑하사 독생자를 주셨으니."

우리 주님이 이 땅에 오신 것은 하나님이 우리를 사랑했기 때문입니다.

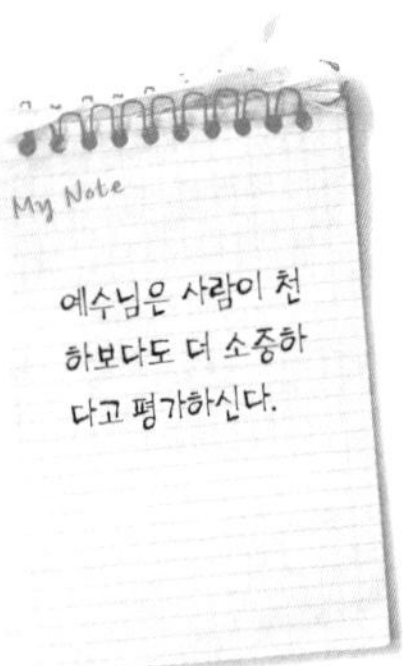

그러면 그 사랑의 내용이 구체적으로 무엇입니까? 그것은 바로 예수님께서 피곤한 몸을 이끌고 그 밤에 배를 타고 가서, 자신이 사람인지 짐승인지 구분도 못하고 있는 광인을 친히 찾아가 온전케 하시는 것입니다. 이것이 바로 하나님의 사랑입니다. 하나님께서는 그 사랑의 진실을 드러내기 위해서 말로 사랑하고 끝내시는 것이 아니라, 그렇게 그 아들을 고생시키시고 그 고통을 끌어안음으로 사랑하시는 것입니다. 이것이 성경 안에 기록된 하나님의 사랑 이야기입니다.

두 번째, 우리 주님은 사람의 가치가 얼마나 소중한지 알려 주시고 또 알아 갈 수 있도록 하셨습니다. 우리는 사람의 가치가 어느 정도인지 잘 모릅니다. 스스로를 한 번 생각해 봅시다. '나는 어느 집안의 몇째 아들, 나는 어느 동네 출신, 나는 어느 학교 출신, 어느 학교의 몇 학년, 그 학교에서 성적은 몇 등.' 이 정도밖에 생각 못합니다. 그런데 예수님께서는 우리를 이렇게 평가하십니다.

"사람이 공중 나는 새보다도 더 소중하다. 사람이 양 한 마리보다도 더 소중하다. 사람이 돼지 2천 마리보다도 더 소중하다. 더 나아가서 사람이 천하보다도 더 소중하다."

사람이 천하보다도 더 소중하다는 그분의 말씀을 우리는 계산할 수 없습니다. 우리는 천하의 가치를 모르기 때문입니다. 태백산맥이 얼마인지, 소백산맥이 얼마인지, 한강은 얼마인지를 모르는 것입니다. 그러나 이 온 천하 만물을 모든 능력과 지혜로 창조하신 예수 그리스도께서는 천하의 가치가 어느 정도인지 다 아십니다. 천지를 창조하신 우리 하나님께서는 어느 곳에 다이아몬드가 들어 있고, 어느 곳에 구리 광산이 있고, 어느 곳에 아연이 묻혀 있는지 다 아시는 분이십니다. 그리고 그 매장량이 어느 정도인지까지도 다 아시는 분입니다. 온 천하의 가치를 아시는 우리 주님께서 "사람이 천하보다 더 소중하다."라고 평가하시는 것입니다. 우리 그리스도인들은 이 사람의 가치를 아는 사람들입니다. 우리는 예수님을 만남으로 말미암아 이 놀라운 가치를 배우는 것입니다.

이렇게 하루하루 3년 동안 진정한 하나님의 사랑과 진정한 사람의 가치를 말씀하신 예수님께서 3년의 시간이 다 지나갈 무렵에 대제사장 세력들로부터 시기를 받습니다. 대제사장, 서기관, 장로들 이들이 우리 주님을 시기합니다. 시기해서 예수님을 빌라도 법정에 세웁니다. 빌라도는 당시 로마가 예루살렘과 유대를 다스리기 위하여 파견한 총독이었습니다. 그런데 빌라도는 예수님이 대제사장 세력들의 시기를 받아서 법정에 올라와 있다는 것을 알고 있었습니다.

대제사장 세력들이 우리 예수님을 빌라도 법정에 세운 이유는 "예수님이 수많은 민중들을 모아서 로마의 제국주의 통치를 종식시키고 새로운 나라를 만들려고 한다. 즉 로마에 반란을 꾀하려고 한다."라는 것이었습니다. 그러나 빌라도는 예수님이 군대를 만들어서 그 군대의 힘을 가지고 로마의 통치를 뒤집어엎고, 로마 제국 이상 가는 나라를 세우려고 하시는 분이 아니라는 것을 알고 있었습니다.

그러나 빌라도는 진실에 관심이 없었습니다. 세상의 많은 사람들이 진실에 관심이 없었습니다. 빌라도 총독은 자신의 법정에 올라온 예수 그리스도의 사건이 진실인지 아닌지에 대해서는 관심이 없고, 다만 대제사장들이 원하는 대로 판결을 내려 주지 않으면 오히려 대제사장들이 주동하여 민란을 일으킬 것에 대해서만 걱정했던 것입니다. 빌라도가 최소한은 부끄러웠는지 바로 그 법정에서 우리 주님께 한마디 하라고 합니다.

"한마디 해라. 지금 너를 고소하는 모든 이야기에 대해서."

그런데 우리 주님은 침묵하십니다. 그리고 예수님께서는 결국 채찍에 맞으시고 십자가에 올라가십니다.

우리가 보는 십자가는 예수님이 보시면 소름이 끼칠 만큼 아픔이 기억나게 하는 곳입니다. 예수님께서는 십자가를 보면 고통이 생각나십니다. 그 십자가에서 너무나 큰 고통과 고난을 당하셨기 때문입니다. 자신의 죄 때문이 아니고, 우리 인간들의 죄 때문에 그리하신 것입니다. 하나님께서 그렇게 결정하셨습니다.

하나님의 형상을 닮은 인간들이 진실을 포기하고, 거짓으로 살아갑니다. 그런 거짓된 죄악으로 사는 인간들을 하나님께서는 용서해야 하셨습니다. 그 방법은 그의 아들 예수 그리스도에게 대신 처벌받게 하시겠다는 것이었습니다.

인간들을 사랑하고, 용서해야 되겠는데 죄 있는 그대로 용서할 수가 없으셨던 것입니다. 하지만 용서하셔야 했던 하나님께서는 용서할 수 있는 길 또한 만드셨습니다. 예수님은 바로 이 하나님의 계획을 알고 계셨습니다.

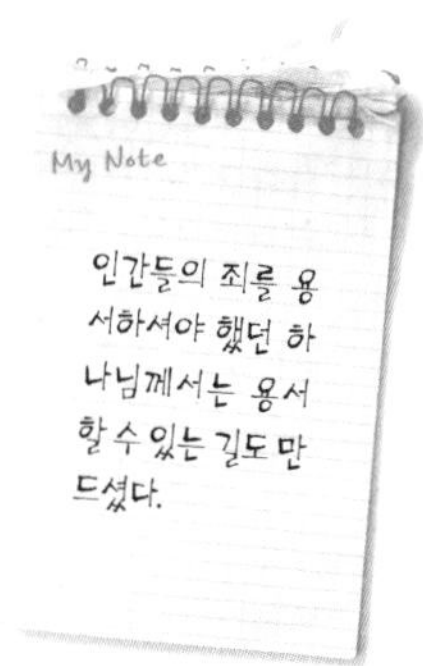

하지만 예수님께서 막상 당신이 그 십자가에 올라서 하나님의 계획대로 대신 처벌받고 죽음에 이르려 하니 너무 아프신 것입니다. 그래서 이렇게 기도하신 것입니다.

"하나님, 꼭 이 십자가 져야 되겠습니까? 피하면 안 되겠습니까?"

이렇게 세 번이나 기도하셨던 것입니다.

하나님의 계획은 분명합니다. 하나님의 계획은 바뀌지 않습니다. 하나님의 계획은 철저합니다. 예수님께서 결단하셨습니다.

"내 뜻대로 마시고 아버지 뜻대로 하옵소서."

예수님께서 하나님 아버지의 뜻을 깨닫고 순종하십니다. 그리고 십자가에서 그 고통을 당하셨습니다. 온갖 고통을 당하신 예수님께서 6시간 동안 십자가에 달려 계십니다. 그리고 기도하십니다.

"하나님 저들을 용서하십시오. 저들은 저들의 하는 짓을 모릅니다."

그 고통 가운데 용서를 말하고 계신 것입니다.

셋째, 우리 그리스도인들은 용서를 받고 용서하는 사람들입니다. 우리는 복수는 알지만 용서를 모릅니다. 그런데 예수님께서는 용서를 말하십니다. 우리는 용서를 받았기에 또한 용서를 하는 사람입니다.

십자가에 달리신 예수님께서 6시간 만에 숨을 거두십니다. 로마 군인들이 무서웠던 제자들은 다 도망갔습니다. 그래서 예수님의 시신은 쓸쓸하게 십자가 위에 덩그러니 달려 있는 것입니다. 예수님의 그 초라한 시신을 안고 가서 처리할 수 있는 어느 누구도 없습니다. 그저 여인들 몇 사람이 우리 주님의 시신 곁에서 발을 동동 구르고 있습니다. 아무 잘못도 없으신 예수님께서 저 고통을 당하셨는데, 저 시신이라도 어떻게 해야겠는데 어찌할 수 없는 것이었습니다.

바로 그 때 아리마대 부자 요셉이 빌라도를 찾아갑니다. 그에게는 목적이 있었습니다. 예수님의 시신을 달라는 것입니다. 빌라도가 부자 요셉의 말을 들어줍니다. 아리마대 부자 요셉은 자신의 아까운 재물을 바쳐서라도 예수 그리스도를 장사 지내고 싶었습니다. 그래서 예수님을 십자가에서 내려다가 장사 지냈습니다. 예수님께서는 그곳에 사흘 동안 머무셨지만, 그때 그곳은 꼭 필요한 곳이었고 요셉이 그렇게 헌신했습니다.

예수님께서 3일 만에 부활하시고 승천하셨습니다. 그리고 승천하시기 전에 제자들을 모아 놓고 이 하나님의 사랑 이야기를 너희들만 알지 말고 모든 민족에게 알리라고 부탁하셨습니다. 예루살렘에 알리고, 유대에 알리고, 사마리아에 알리고, 땅 끝까지 알릴 것을 부탁하시고 승천하신 것입니다. 그 사랑 이야기가 오늘 우리에게 전해진 이야기입니다. 이것이 바로 우리 예수님의 이야기입니다.

새판 짜기

예수님으로부터 내가 받았던 축복들을 기억해 보고,
무엇이 감사한지 내용을 적어 봅시다.

나의 죄 위해 십자가에 달려 죽으신 예수님 덕분에 구원받은
내가 예수님을 위해 할 수 있는 일은 무엇이 있을까요?

판 마흔

사도행전 1

40

한 영혼의 소중함을 깨닫고
열정적으로 예수님을 알렸던 누가가 기록한 사도행전이 없었다면
우리는 성령의 역사하심을 알 수 없었을 것이다.

사도행전은 사도들의 발자취, 다시 말해 사도행적이라고 할 수 있다. 예수님께서 십자가에 달려 돌아가시고 부활하신 후 제자들에게 나타나셔서 오실 성령을 기다리라고 말씀해 주셨다. 그래서 사도가 된 제자들은 성령을 기대하며 모여서 뜨겁게 기도하였다. 그리고 약속하신 대로 성령이 그들에게 임하였다.

사도행전은 누가복음과 함께 누가가 기록한 책이다. 누가는 누가복음에서 '데오빌로 각하에게' 라고 이 편지를 받는 사람을 밝혔었다. 그런데 사도행전에서는 '데오빌로여' 라고 하며, 부르는 호칭이 달라진다. 누가복음을 받은 데오빌로와의 사이가 가까워진 것을 알

수 있다. 누가복음과 사도행전 모두 분량이 많은 편이다. 그런데 이 두 권의 책이 모두 원래는 한 사람만을 위해 기록한 편지라는 것이다. 누가의 열정이 실로 대단하다. 우리 예수님께서 한 영혼의 소중함을 말씀하셨는데 누가의 열정을 통해 다시금 소중한 영혼에 대해 생각해 볼 수 있다.

사도행전이 없었다면 우리는 초대교회의 사도들의 사역과 성령의 역사하심을 알 수 없었을 것이다. 너무나도 소중한 기록이 아닐 수 없다. 의사이자 역사가인 누가는 누가복음을 통해서는 우리 예수님의 사역을 그림을 보듯 자세히 알려 주었고, 사도행전은 구약의 역사서처럼 초대교회 시대의 역사를 한눈에 보게 해 준다.

사도행전을 증언으로 우리는 예수님께서 부활하신 후 이 땅에 40일간 계셨다는 것을 알 수 있다. 예수님께서는 40일 동안 이 땅에 계시면서 마지막으로 "성령이 너희에게 임하시면 너희가 권능을 받고 예루살렘과 온 유대와 사마리아와 땅 끝까지 이르러 내 증인이 되리라"라고 말씀하신 후 제자들이 보는 데에서 하늘로 올라가셨다. 그리고 하늘로 올라가신 예수님은 그 모습 그대로 다시 오시겠다고 약속해 주셨다. 예수님의 승천을 본 제자들은 그 이후 확신을 가지고 다시는 고기 잡으러 돌아가지 않았다. 그 후 오순절에 120명의 성도들이 마가의 다락방에 모여 기도하였다. 오순절 성령이 강림하기 직전 제자들은 맛디아를 제비 뽑아 가룟 유다 대신 사도의 자리에 두었다.

드디어 오순절에 성령이 임하셨다. 성령이 임하자 그들은 방언을 하며 성령 충만한 삶을 살게 되었다. 초대교회 성도들은 사도가 된 제자들의 가르침을 받아 서로 교제하고 떡을 나누며 기도하기에 힘썼다. 그러자 구원받은 사람의 숫자가 날마다 더하게 되었다.

예수님 계실 때에 베드로와 요한은 은연중에 라이벌이었다. 왜냐하면 요한과 야고보는 한 형제인데 그들의 어머니가 예수님을 찾아와 예루살렘 입성 후 자신의 두 아들들을 예수님의 오른쪽과 왼쪽에 둘 것을 부탁했었는데 이 일로 베드로와 나머지 제자들이 매우 화를 낸 적이 있다. 그런데 성령이 그들에게 임하자 베드로와 요한이 함께 손잡고 성전으로 기도하러 가게 된 것이다.

그 때 성전 미문에 앉아 있는 앉은뱅이 거지가 베드로와 요한에게 구걸하였다. 그 때 베드로가 말하기를 "은과 금은 내게 없지만 내게 있는 것으로 네게 주노니 곧 나사렛 예수의 이름으로 걸으라."라고 말했다. 그러자 그 앉은뱅이 거지가 일어나 걷기도 하고 뛰기도 하며 하나님을 찬양하였다. 베드로가 말한 나사렛 예수의 이름은 50일 전에는 베드로가 3번이나 모른다고 부인했던 이름이다. 그러나 성령이 임하자 나사렛 예수의 이름은 능력 그 자체가 된 것이다.

My Note

누가의 열정을 통해 예수님께서 말씀하신 한 영혼의 소중함을 생각해 볼 수 있다.

예수님의 제자들이 사도가 되어서 너무나도 놀랍게 주의 이름을 전파하자 예수님을 십자가에 못 박게 한 대제사장과 그 세력들이 이 일을 두렵게 여겼다. 그래서 베드로와 요한을 체포해 갔다. 그런데 베드로가 대제사장 앞에서 거침없이 예수 그리스도를 증거하자 대제사장이 매우 놀랐다. 그리고 베드로와 요한에게 예수의 이름으로 말하지도 말고 가르치지도 말라고 명령했다. 그러나 베드로와 요한은 "우리가 보고 들은 것을 말하지 아니할 수 없다."라고 강력하게 주장하였다. 그 때부터 사도들에 대한 박해가 시작되었다.

하지만 초대교회 성도들은 더욱더 힘을 합쳐 서로를 도우며 예수 그리스도를 전파하기에 힘썼다. 바나바라는 별명을 갖게 되는 요셉이 초대교회 성도들을 위해 자신의 재산을 기증했고, 다른 부작용으로는 아나니아와 삽비라 사건이 있기도 했다. 그러나 초대교회는 계속 부흥하였다.

사도들은 말씀 전파에 집중하기 위해 일곱 집사를 선출하였다. 이 때 선출된 일곱 집사는 믿음과 성령이 충만했고 성도들에게 칭찬받는 사람들이었다. 당시 일곱 집사님들의 믿음과 실력은 대단했다. 가장 먼저 박해의 대상으로 붙잡힌 스데반 집사는 사도행전 7장에 그의 설교를 통해 하나님에 대한 지식이 얼마나 대단했는지 잘 보여 준다. 스데반의 설교를 듣고 마음에 찔림을 받았던 사람들이 돌을 들어 스데반을 쳐 죽였다. 이 때 후에 바울이 되는 사울이 참여했던 것이다.

My Note

일곱 집사는 믿음과 성령이 충만했고 성도들에게 칭찬받는 사람들이었다.

박해가 심해지자 예루살렘 교회 성도들이

흩어져 복음을 전하기 시작했다. 그리고 예수님의 말씀대로 사마리아에 복음이 전파되었다. 그리고 이어서 사도행전 9장부터는 바울 중심의 전도 사역이 펼쳐진다. 바울은 하나님께서 준비하신 비밀 병기 중에 병기였다. 바울의 전도여행과 복음 편지들은 다음 주에 계속 이어질 것이다.

새판 짜기

나의 주변을 둘러보고, 나의 인간관계는 어떠한지 생각해 봅시다.

인간관계 안에서 과거, 현재, 미래의 나의 모습을 그려 보고, 글로 써 봅시다.

[하나님과] 통 [친구와] Tong [세상과] 通

바울의 전도여행 한눈에 보기

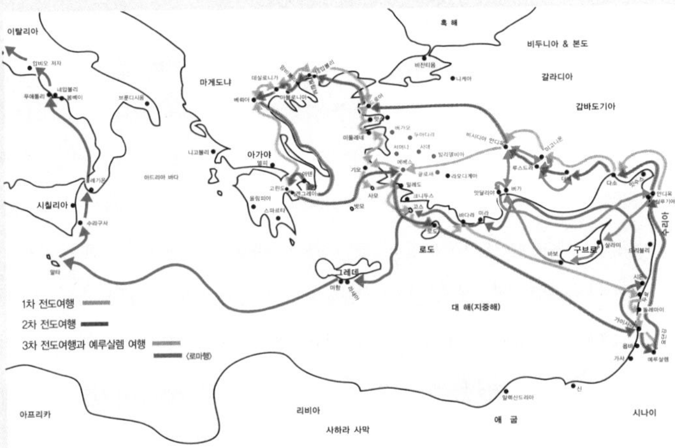

바울은 총 3차에 걸쳐 전도여행을 했는데, 1차 전도여행은 약 2년여 동안 바나바와 함께 소아시아 지방을 중심으로 이루어졌다. 이후 바울은 실라와 함께 수리아 안디옥에서 2차 전도여행을 출발했다. 약 3년에 걸친 2차 전도여행 중 바울은 성령의 인도하심으로 마게도냐(유럽) 지역으로 건너간다. 그 중 고린도에서 1년 6개월을 머물며 말씀을 가르쳤으며 이곳을 기점으로 다시 수리아 안디옥으로 돌아오는 여정이 시작된다. 누가와 함께 시작된 3차 전도여행은 약 4년에 걸쳐 이루어진다. 바울은 이 때, 1, 2차 전도여행 때 복음을 전한 도시들을 돌면서 그들의 믿음을 굳게 세우고, 특별히 에베소에서 2년간 제자를 양육한다. 그리고 로마로 가기 전 예루살렘을 방문한다.

판 마흔하나

사도행전 2

41

예수님을 만난 바울은 그 순간 예수님을 알아보았다.
이후 바울은 예수님의 말씀을 따라
땅 끝까지 복음을 전한다.

사도행전 9장부터 시작되는 바울 이야기는 신약성경 전체를 통해 매우 중요한 일이다. 바울의 원래 이름은 사울이었다. 사울은 로마 제국하에서 로마 시민권을 가지고 있었던 유력한 사람이었고, 당대 최고의 지성인 가말리엘(이스라엘 역사상 3대 학자에 속하는 대학자) 문하에서 공부했던 최고의 율법 전문가였다.

그리고 히브리인 중에 히브리인이었다. 히브리인 중에 히브리인이라는 말은 남왕국 유다 출신으로 유다 지파와 베냐민 지파 그리고 남왕국의 레위 지파라는 뜻이다. 바울은 베냐민 지파였다. 북왕국 출신 열 지파와 북왕국에 있던 레위 지파는 앗수르에 의해 순수 혈통이 없어졌기에 히브리인 중에 히브리인에 못 들어간다. 이러한 바울은 구약 율법에 몹시 정통했던 사람이었으나 당시에 대부분 유대인들이 그러했듯이 하나님의 선민이라는 특권 의식과 편견에 사로잡혔던 사람이었다.

바울은 그의 학문과 지식으로는 예수 그리스도를 인정할 수 없었다. 그래서 예수님의 제자들과 예수님을 전파하는 사람들을 모두 잡아 죽여야 한다는 확신으로 살던 중이었다. 그러기에 스데반을 죽이는 일에 적극적으로 동참했었다. 바울은 다메섹에도 예수님을 전하는 사람들이 있다고 하자 그곳으로 가서 자신의 신념을 실천에 옮기려 하였다.

다메섹으로 가던 중 예수님께서 직접 바울에게 나타나셨다. 예수님을 만난 바울은 그 순간 예수님을 알아보았다. 충격을 받은 것이다. 예수님은 바울에 대해서 미리 예정하시고 기다리셨던 것이다.

바울의 변화에 예루살렘의 대제사장과 그의 세력들은 심한 충격을 받을 수밖에 없었다. 바울과 같이 유능하고 뛰어난 사람이 예수님을 믿게 된 것은 그들에게 너무나도 치명적인 손해였기 때문이다. 이제 그들에게 가장 위험한 인물이 바울이 된 것이다. 예수님을 죽인 세력들은 이제 바울을 죽이려고 달려들었다. 바울이 죽을 위험에 처하게 되자 바울의 제자들이 밤에 바울을 광주리에 담아 성 밖으로 도망하게 해 주어야 했다.

변화된 바울은 예수님의 제자들과 사귀려 하였으나 예수님의 제자들은 바울에 대해 두려워하고 의심하였다. 그 때 바나바가 바울을 도와주었다. 그리고 일정 기간 다소에 가서 시간을 보내도록 바울에게 조언했던 것이다.

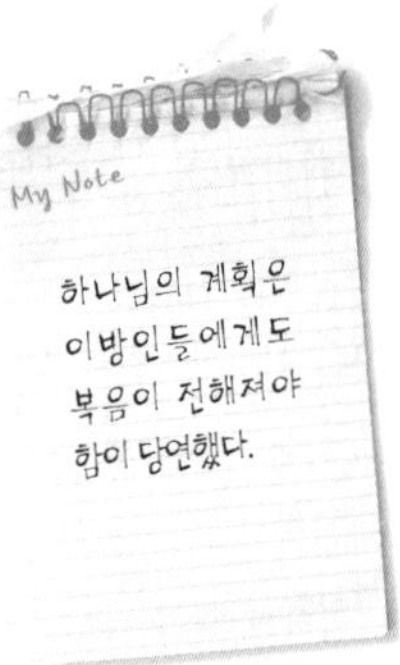

예수님의 제자들도 모두 유대인들이었다. 그들은 대제사장들처럼 힘 있고 완고한 사람들이 아니었음에도 불구하고 오랜 전통 때문에 예수를 구주로 믿으면서도 이방인들에 대한 마음이 열리기가 쉽지 않았다. 예루살렘과 온 유대와 사마리아와 땅 끝까지 증인이 되라고 하셨던 주님의 말씀은 실천하기가 너무나도 어려운 과제였다. 혼혈족이 된 사마리아 사람들과는 눈도 마주치지 않으려 하는 세상이었다. 그러니 이방인들에게까지 복음이 전파된다는 것은 당시의 형편으로는 상상하기 어려운 일이다.

그러나 하나님의 계획은 이방인들에게도 복음이 전해져야 함이 당연하고 유대 민족은 제사장 나라로서의 사명을 감당하는 것이 그들의 몫이었다. 그럼에도 사도가 된 제자들이 이방인들 만나는 것을 꺼려하자 우리 주님은 로마의 백부장 고넬료와 베드로를 만나게 하셔서 결국 이방인들에게 복음이 전해져야 하는 이유를 깨닫게 하신다. 그리고 이 일을 위해 바나바와 바울이 적임자임을 알게 된다.

이런 상황이 펼쳐지면서 요한의 형이자 예수님의 제자였던 야고보가 예수님의 제자들 중 가장 먼저 순교한다. 초대교회는 박해 가운데서 예루살렘 교회를 지키며 한편으로는 복음이 온 세상에 두루 퍼지도록 최선을 다하고 있던 중이었다. 스데반의 순교 때 흩어진 성도들이 안디옥에 교회를 세웠다는 소식이 사도들에게 전해지자 바나바는 그때 다소에 있던 바울을 안디옥으로 불렀다. 이때부터 본격적으로 사도 바울이 활동하게 된다. 안디옥은 예루살렘 교회에 이어 세워진 교회로서 세계 복음화를 위한 센터로서 중요한 교회가 된다.

안디옥 교회는 바나바, 니게르라 하는 시므온, 헤롯의 동생 마나엔, 바울 등 다양한 배경을 가진 사람들이 함께한 열린 교회였다. 바나바와 바울은 안디옥 교회에서 목회하다가 이후 안디옥 교회의 후원으로 2년여에 걸쳐 1차 전도여행을 소아시아 지역에서 하게 된다. 바울과 바나바는 2년 동안 구브로, 비시디아 안디옥, 이고니온, 루스드라에 복음을 전하고 안디옥으로 돌아왔다.

1차 전도여행 이후, 바울은 실라와 함께 소아시아와 유럽 지역에 약 3년에 걸쳐 2차 전도여행을 했다. 이 기간에 바울은 디모데를 제자로 삼았고 드로아에서 의사 누가를 만났는데 이 누가가 누가복음과 사도행전을 기록한 사람이고 평생 바울과 동행한 바울의 제자였다. 2차 전도여행 기간에 빌립보, 데살로니가, 베뢰아, 아덴, 고린도에 복음이 전파되었다.

그 후 바울의 3차 전도여행은 약 4년 정도가 걸렸다. 그리고 나서 바울은 전도 기간 중 모금한 헌금을 가지고 어려운 형편 가운데 있는 예루살렘 교회를 돕기 위하여 죽음의 위협을 무릅쓰고 예루살렘을 방문한다. 예루살렘에서 바울을 죽이기 전에는 먹지도 마시지도 않겠다는 생각을 가진 편견에 찬 유대인들에게 바울이 잡혀 죽을 위험에 처하게 된다. 이 때 바울이 로마 시민임을 알게 된 예루살렘의 천부장이 바울을 구하여 470명의 로마 군인을 동원하여 로마 총독이 있는 가이사랴로 올려 보낸다.

가이사랴 감옥에서 바울은 약 2년 정도 머물게 되고 로마 시민권자였던 바울은 황제에게 재판을 청구한다. 황제의 재판을 받기 위해 바울은 로마로 떠나게 되고 이후 로마 감옥에서 2년을 더 지낸다. 바울은 전도여행 중에서도 많은 복음 편지를 써서 자신이 개척한 교회에 보냈으며 특히 로마 감옥 안에서도 여러 편지들을 통해 성도들을 권면하고 위로하고 교육하기를 쉬지 않았다. 바울의 많은 편지들은 판 마흔다섯에서 다룰 것이다.

이렇게 초대교회는 예루살렘에서 시작하여 예수님의 말씀대로 예루살렘과 유대와 사마리아를 거쳐 땅 끝으로 퍼지고 있었다. 그리고 그 복음이 산을 넘고 강을 건너 오늘 우리에게까지 전해 온 것이다. 복음 전도자들의 수고가 없었다면 오늘날 우리가 이렇게 예수 그리스도를 구주로 모시며 살 수 있는 은혜가 쉽지 않았을 것이다. 복음 전도자들이 산을 넘었던 그 발길이 정말 아름답다.

- 바울과 바나바가 예수 그리스도의 이름과 십자가와 부활이 가장 확실한 생명의 길이라고 확신하는 것처럼 나 또한 이 확신에 기쁨을 얻고 있나요?

- 우리 교회, 내가 속한 공동체는 이웃교회, 다른 공동체와 어떻게 협력하고 있습니까? 내가 공동체를 위해서 하고 있는 일, 또는 할 수 있는 일은 무엇이 있을까요?

바울 특강 1

〈2009년 1월 숲과나무성경통독 청소년캠프 특강〉

42

많은 율법 지식을 쌓아 놨던 바울은
하나님이 유대인만의 하나님이 아니라
온 민족의 하나님이심을 깨달아 알게 된다.

저는 열 살 때 아버지가 돌아가셨습니다. 너무 가슴이 아팠습니다. 아버지가 돌아가시고 1년 후, 제가 열한 살 때 어머니가 중풍으로 쓰러지셨습니다. 저는 힘든 청소년기를 보냈습니다. 이 이야기만으로도 여러분과 은혜를 나눌 수는 있습니다. 그러나 저는 여러분들과 저에 관한 이야기로 이 소중한 시간을 쓰고 싶지 않습니다. 더 중요한 하나님의 사람 이야기를 하고 싶기 때문입니다. 제가 청소년기를 어떻게 보냈고, 20대와 30대 그리고 40대는 어떻게 보냈으며, 하나님께서 어떻게 큰 은혜를 주셔서 목사가 되고 박사가 되었는지 간증해도 되지만, 그보다 더 중요한 것은 오늘 우리가 만날 하나님의 사람 '바울 이야기' 입니다.

정말 용기 있는 삶을 살고 싶으십니까? 어떻게 하면 용기 있는 삶을 살 수 있을지 생각해 봅시다. 진리를 알면, 그 진리를 꿈꾸며 용기 있는 삶을 살 수 있습니다. 누구나 인생은 한 번밖에 살지 않습니다. 그 누구도 인생을 두 번 살 수는 없습니다. 두 번 산다면, 한 번은 아무렇게나 살아 보고 거기에서 반성하고 그 다음 참 좋은 생각을 가지고 다시 살아 볼 수 있겠는데, 중요한 것은 인생은 한 번밖에 기회가 주어지지 않는다는 것입니다. 그래서 잘 선택해야 합니다. 진리를 꿈꾸는 삶, 바로 이 삶을 여러분들이 살았으면 좋겠습니다. 그 진리는 바로 성경에 있습니다.

사도 바울은 청소년기를 아주 잘 보냈습니다. 사도 바울은 청소년기에 좋은 부모님 아래 살면서 훌륭한 선생님을 만났습니다. 그리고 청년기에는 세계적으로 위대한 학자라고 일컬음 받는 가말리엘 선생님의 제자가 될 수 있었습니다. 열심히 공부한 바울은 대학자 가말리엘의 수석 제자가 되는 영예를 얻게 됩니다. 바울이 가말리엘에게 배운 지식은 율법 지식 즉, 구약 지식입니다. 그런데 그 당시 대부분의 유대인들이 그러했듯이 바울의 율법 지식은 편견을 낳게 됩니다. 하나님에 대해 오해를 하고 만 것입니다. 구약 지식을 통해 하나님이 오직 유대인만의 하나님이라는 생각을 중요한 지식으로 삼게 되었던 것입니다.

'하나님은 유대인의 하나님이고, 온 세상의 하나님은 아니다.' 라는 생각은 굉장히 큰 편견이었습니다. 바울은 그의 지식으로 편견과 함께 차별을 믿었습니다. 세상에 있는 사람들 중에 유대인만이 하나님께 선택받은 선민이고, 유대인 외에 다른 민족의 사람들은 별 쓸모없는 사람이라는 생각을 가지고 있었습니다.

바울의 율법 지식은 하나님에 대한 편견과 사람에 대한 차별을 확고한 신념으로 여겼기에 큰 문제였습니다. 그렇기 때문에 그 당시 스데반이 돌에 맞아 죽는데도 바울의 율법 지식으로는 스데반의 죽음이 당연한 일이었던 것입니다. 생각해 봅시다. 스데반은 흉악 범죄를 저질러서 돌에 맞아 죽는 것이 아닙니다. 자신의 믿음을 증거하다가 많은 사람들이 그를 돌로 쳐서 죽이는데, 바울은 그 죽음이 정당하다고 여겼던 것입니다. 그리고 오히려 더 나아가 '스데반과 같은 생각을 가진 사람들은 죽어야 된다. 내가 앞장서서 그들을 죽이겠다.' 라는 생각까지 하게 된 것입니다. 잘못된 편견과 차별 그리고 오해는 이렇게 무서운 결과를 가져옵니다.

당시 스데반을 돌로 쳐 죽인 사람들은 한두 사람이 아니었습니다. 예수님을 십자가에 못 박게 만들었던 대제사장과 그의 세력 그리고 바울과 같이 유대인의 선민의식에 사로잡혀 있던 사람들이었습니다. 그들은 스데반과 같은 생각을 하고 있는 사람들이 곳곳에 많다는 사실을 알고, 제2, 제3의 스데반을 찾아서 죽이려고 노력했습니다. 이때 바울은 자신의 신념으로 그들을 죽이는 일에 최선을 다하고 있었습니다. 바울은 이 일을 더 열심히 하기 위해 다메섹이라는 곳으로 달려가고 있었습니다. 왜냐하면 그곳에 스데반과 같은 생각

My Note

잘못된 편견과 차별 그리고 오해는 무서운 결과를 가져온다.

을 가진 사람이 있다는 것을 알고, 그를 찾아가서 처벌해야 했기 때문입니다.

바울이 한참 달려가는데 빛이 번쩍 나며 어떤 음성을 듣게 됩니다.

"바울아, 왜 나를 핍박하느냐?"

예수님의 음성을 듣게 된 것입니다. 바울이 물었습니다.

"누구십니까?"

예수님이 대답하셨습니다.

"네가 핍박하는 예수다."

그 순간 바울은 머리끝부터 발끝까지 쇼크가 왔습니다. 큰 충격을 받게 된 것입니다. 여러분도 살면서 아름다운 충격을 받기 원합니다. 충격을 받아야 됩니다. 바울은 자신이 그동안 가져왔던 생각, 하나님에 대한 편견, 사람에 대한 차별 이것이 잘못됐다는 것을 그 순간 발견합니다. 예수 그리스도를 만난 것입니다. 사실 스데반은 예수 그리스도를 만난 사람이었습니다. 그런데 사도 바울의 생각은 스데반의 생각이 율법에 비춰 잘못되었다고 판단했던 것입니다.

바울은 부활하신 주님을 만나고 그 순간 십자가를 알게 되었습니다. 바울은 가말리엘을 통해서, 또 그 이전에 아버지를 통해서 아브라함부터 내려왔던 수많은 구약의 이야기와 그 구약의 핵심인 율법에 대해서 너무나 잘 알고 있었습니다. 그런데 바울은 하나님께서 율법만 주신 것이 아니라 십자가도 주셨다는 사실은 모르고 있었던 것입니다.

그 사실을 알게 된 바울은 큰 충격을 받게 됩니다. 하나님께서 아브라함 이후 2천 년 동안 아브라함의 후손들을 통하여 하나님의 크고도 놀라운 뜻을 이루셨습니다. 하지만 그 모든 일들이 결국은 하나님께서 그의 아들 예수 그리스도의 십자가 사역을 통하여 하나님의 진정한 은혜와 사랑의 용서를 이 땅에 드러내시고자 하는 놀라운 계획이었다는 사실을 바울은 그 순간 발견한 것입니다. 그 모든 율법 지식이 결국은 예수 그리스도의 십자가를 향한 하나님의 계획이었던 것입니다.

바울은 하나님이 유대인만의 하나님이 아니라 온 민족의 하나님이시고, 유대인만 선민이 아니라 모든 민족들이 하나님의 용서를 받은 민족이라는 사실을 알게 됩니다. 바울의 생각이 너무나도 커진 것입니다. 그 순간 바울이 이렇게 큰 생각을 품게 되고, 빨리 이해할 수 있었던 것은, 하나님의 은혜와 그동안 바울이 쌓아 놓은 율법 지식 때문이었습니다. 바울에게 그 지식이 없었다면 정곡을 찌른 예수님의 한마디, "바울아 왜 네가 나를 핍박하느냐."라는 말씀의 본뜻을 정확하게 이해할 수 없었을 것입니다.

바울은 청소년기와 청년기를 통하여 많은 지식과 율법 지식을 쌓아 놨기에 예수님께서 하신 말씀의 핵심을 정확하게 알 수 있었습니다. 그래서 그 자리에서 충격을 받을 수 있었던 것입니다. 충격은 아무나 받지 않습니다. 수준이 되어야 충격도 빨리 받습니다. 바울은 오만과 편견에 사로잡혔던 자기 자신이 얼마나 초라한 모습이었는지를 그 순간 발견하고, 그때 진리를 발견합니다. 그리고 그때 진정한 자유함을 얻게 되었습니다. (다음 주에 계속 이어집니다.)

내가 가지고 있는 가장 큰 '편견' 은 무엇인가요?

누군가로부터 편견을 받고 있다면 기분이 어떨지 생각해 보고,
편견을 가졌던 나의 모습을 반성하는 글을 적어 봅시다.

판 마흔셋

바울 특강 2

〈2009년 1월 숲과나무성경통독 청소년캠프 특강〉

43

예수님을 만난 후, '예수는 주'라고 고백하며
예수님을 전했던 바울은 죽음을 앞두고
자신이 달려온 길은 하나님의 은혜임을 생각한다.

진정한 자유를 얻은 바울은 그 순간 180도 딱 돌아섭니다. 돌아서면서 '예수는 주'라고 선언합니다. 그때부터 바울은 사도 바울이 되어 그의 생명이 로마에서 형장의 이슬로 사라지는 그 순간까지 '예수는 주'라는 선언에서 한걸음도 물러서지 않습니다. 다메섹에서 예수님을 만난 이후, 30년 동안 예수님을 증거하는 삶을 삽니다. 우리 예수님께서 사도 바울을 만나시기로 작정하시면서 동시에 또 한 사람을 만나셨습니다. 바로 아나니아입니다.

예수님께서 아나니아에게 "아나니아. 너 곧 바울을 만나게 될 거야."라고 하셨더니 아나니아가 깜짝 놀랍니다.

"아니 주님, 그가 누군지 아시잖아요."

그러자 예수님이 아나니아에게 이렇게 말씀하십니다.

"아나니아야. 네가 놀라는 게 무리가 아니다. 하지만 바울은 유대인, 이방인, 세상 권력자들을 위하여 택한 나의 그릇이다."

놀라운 것은 이 말씀을 들은 아나니아가 바로 순종합니다.

"주님 말씀하시면 내가 나아가리라. 주님 뜻이 아니면 내가 멈춰 서리라. 나의 가고, 서는 것 주님 뜻에 있으니 오, 주님 나를 이끄소서."

순종하고 바울을 기다린 아나니아가 드디어 바울을 만납니다. 그런데 우리 주님께서 얼마나 큰 계획을 세우셨는지 유대인, 이방인, 세상 권력자, 세상의 모든 사람들을 위하여 하나님의 십자가, 예수 그리스도의 십자가, 이 십자가를 통한 자유, 인간의 소중한 자유, 죄로부터의 자유, 죽음으로부터의 자유, 이 자유를 바울을 통해서 알리시겠다는 것입니다.

우리 주님의 이 계획에 바울이 순종합니다. 그리고 그 순간부터 1차 전도여행 2년, 2차 전도여행 3년, 3차 전도여행 4년. 이렇게 전도여행을 통해서 소아시아와 유럽에 복음을 전합니다. 그리고 사도 바울은 60세가 다 되었을 무렵에 꿈을 꿉니다. 로마를 거쳐 스페인에 가서 그곳에 사는 사람들에게 하나님의 놀라운 십자가의 은혜를 알리고 그들을 자유하게 하는 생명을 주어야 되겠다는 꿈이었습니다. 그리고 이 꿈을 꾼 바울은 로마서를 썼습니다.

아직 사도 바울은 로마까지 가본 적이 없습니다. 그 편지를 읽게 될 로마의 교인들과 만난 적이 없는 것입니다. 하지만 그들에게 편지를 썼고, 그 편지가 바로 로마서입니다. 그 내용은 바울 자신이 어떻게 하나님의 크고도 놀라우신 사랑 안에서 진정한 자유와 생명을 얻었는지에 대한 내용과 아울러, "내가 꿈이 있는데 여러분들과 만나서 사귄 후 여러분들의 도움을 받아 서바나(스페인)에 복음을 전하러 갔으면 좋겠다."라는 것입니다.

여러분, 오늘날 스페인 하면 생각나는 것이 무엇입니까? 축구나 투우가 생각나십니까? 60세를 앞둔 바울이 축구와 투우 구경을 하기 위해서 서바나에 가려고 계획을 세웠을까요? 아닙니다. 바울이 서바나에 복음을 전하러 가기 원했던 것은 그때에는 바로 서바나가 '땅끝' 이었기 때문입니다. 지금으로부터 2000년 전의 예루살렘에서 보면 그곳은 땅 끝이었습니다. 사도 바울은 아직 우리 예수 그리스도의 십자가의 복음이 그 먼 곳까지 전해지지 않았다는 사실을 발견하고, 자신이 서둘러 서바나에 달려가서 예수님의 십자가를 통하여 생명과 자유를 주고 싶었던 것입니다.

왜냐하면 서바나에 사는 사람들에게도 복음이 필요했기 때문입니다. 복음은 세상 모든 사람들에게 필요합니다. 그래서 바울이 그곳에 가기를 원했던 것입니다. 하지만 그때 사도 바울을 시기한 대제사장 세력들이 이제는 사도 바울을 죽이려고 합니다. 그들은 예수님을 시기해서 십자가에 못 박아 죽였던 사람들입니다. 마찬가지로 사도 바울도 죽이려고 계획을 세웁니다. 그들의 계획을 사도 바울도 다 알게 됩니다. 사도 바울이 예루살렘에 마지막으로 방문하게 되는데 이때 그들과 부딪히게 됩니다.

결국 사도 바울은 예루살렘의 천부장의 보호를 받게 됩니다. 예루살렘에는 천 명의 부하를 거느리고, 예루살렘의 치안의 총 책임을 지고 있는 사람이 있었습니다. 그 사람은 로마 시민이었습니다. 그 사람이 보니 예루살렘의 대제사장 세력들이 사도 바울을 죽이려고 하는 것입니다. 그런데 알고 봤더니 사도 바울은 로마 시민권자입니다. 로마 시민인 사도 바울이 만약에 거기서 죽게 된다면 자신은 직업을 잃게 되는 것이었습니다. 로마 군인들의 첫 번째 목적은 로마 시민들을 보호하는 것이었기 때문입니다. 그래서 천부장이 사도 바울을 보호합니다.

그런데 예루살렘에서 그를 보호하는 것이 여간 쉬운 일이 아니라는 것을 알게 됩니다. 왜냐하면 선민의식에 사로잡혀 있는 일부 유대인들이 워낙 폭력적이기 때문입니다. 그래서 사도 바울을 예루살렘에서 가이사랴로 올려 보냅니다. 그때 사도 바울을 호송하는 호송 병사가 보병 200명, 창군 200명, 말 탄 사람 70명 총 470명이 동원됩니다. 그만큼 바울의 생명이 위험했던 상황이었던 것입니다. 가이사랴에는 총독이 있고, 총독은 큰 군단을 거느리고 있기 때문에 그곳은 바울에게 예루살렘보다 훨씬 안전한 곳이었습니다. 사도 바울은 총독의 보호를 받으며 가이사랴에서 2년 동안 연금 상태를 보냅니다.

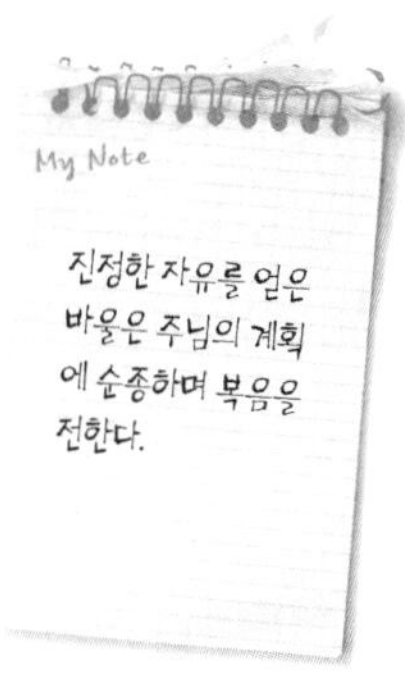

그 다음, 그곳에서 사도 바울은 다시 로마로 갑니다. 왜냐하면 사도 바울이 로마에 있는 황제에게 자신들의 이 종교 문제를 재판해 달라는 요청을 했기 때문입니다. 로마 시민이 황제에게 "이런 문제를 판단해 주십시오."라고 요청을 하면 황제는 로마 시민의 그 판단 요청을 받아줘야 했습니다. 그것이 로마의 법입니다. 바로 이 로마법에 의해서 사도 바울은 이제 황제의 재판을 받기 위해서 배를 타고 로마로 갑니다. 로마에서 황제가 시간을 내어 재판을 해 줄 때까지 사도 바울은 2년 동안 기다립니다.

사도 바울은 가이사랴에서 연금 상태로 2년, 로마에서 연금 상태로 2년, 합해서 묶여 있는 시간을 4년이나 보냅니다. 그런데 그렇게 시간을 보냈음에도 불구하고 황제의 재판 날이 쉽게 잡히지 않습니다. 그러는 사이, 로마의 5대 황제인 네로가 사도 바울에게 잠시 자유를 줍니다. 사도 바울은 그 시간을 활용해서 로마에 있는 사람들을 만나며 복음 전도를 위한 계획들을 세웁니다.

그때 로마 시내가 불타는 사건이 일어납니다. 화려한 도시였던 로마 시내가 불이 나서 도시의 3분의 1이 불에 탔습니다. 그런데 그렇게 로마 시내가 불타고 있을 때 로마의 황제인 네로는 그 로마 시내를 바라보면서 노래를 불렀습니다. 네로 황제는 황제로 불리기보다는 가수로 불리기를 좋아했던 사람이었습니다. 그는 그리스를 비롯해서 수백 곳을 다니면서 콘서트를 하고 다녔던 사람입니다. 그러니 로마 시내가 불타는 그 모습을 보면서 마음 아파하기보다는 갑자기 노래가 나온 것입니다.

그런데 이 일이 소문나게 되었습니다. 그러자 로마 시민들이 화가 나서 네로 황제의 황제 자리를 내려놓게 하는 일이 생깁니다.

'혹시 저 네로 황제가 노래를 부르고 시를 쓰기 위해서 로마 시내에 불을 지른 거 아니야.'

이렇게 로마 시민들이 생각한다는 것을 알게 된 네로 황제는 자신에게 돌아오는 잘못을 누군가에게 뒤집어씌우기로 하고, 그 누군가를 기독교인들로 몰아갑니다. 그리고 로마 시내에 있는 모든 기독교 지도자들을 모두 잡아들입니다. 그때 사도 바울도 잡혀 들어가게 되었습니다. 사도 바울이 직감으로 '아, 이제 내 인생이 여기에서 60년 장막을 거둘 때가 되었구나.' 하고 판단을 합니다.

죽음을 앞둔 사도 바울이 생각합니다. 그가 달려온 길은 하나님의 은혜임을 생각합니다. 그리고 자신의 믿음의 후배들, 믿음의 아들들에게 당부를 합니다. 그 가운데 한 권이 바로 디모데후서입니다. 즉 디모데에게 편지를 써 보낸 것입니다.

"디모데야, 복음과 함께 고난을 받으며 복음의 자유를 누리며 평생을 살도록 하라. 나는 나의 달려갈 길을 아름답게 달려왔고 나는 이제 나를 위하여 준비된 의의 면류관을 받으러 간다. 너도 그 길을 달려와라. 이것은 가장 멋진 인생길이다."

이 편지를 남기고 사도 바울은 그곳에서 그의 생을 마감합니다. 이것이 사도 바울의 이야기입니다.

예수님을 만나고 변화되었던 사도 바울처럼
나는 예수님을 만나고 무엇이 변화되었나요?

바울이 가졌던 비전처럼 나도 크고, 멋진 비전을 세워 봅시다.

판 마흔넷

바울의 전도여행

44

바울은 로마에서 순교할 때까지
끊임없는 열정으로 예수 그리스도의 복음을 전했다.
그의 애씀으로 말미암아 오늘 우리에게까지 복음이 들어오게 되었다.

바울의 전도여행은 21세기를 사는 우리가 지금 보아도 정말 놀라울 정도로 긴 여행이고 지도로 보았을 때는 더욱 놀랍기 그지없다. 성령의 도우심과 끊임없는 열정이 없었더라면 바울의 전도여행은 불가능했을 것이다. 다메섹에서 예수 그리스도를 만난 후 바울은 로마에서 순교할 때까지 끊임없는 열정으로 예수 그리스도의 복음을 전하는데 앞장섰다. 바울은 3차 전도여행 이후에 로마를 거쳐 서바나(지금의 스페인)에 가려는 꿈을 로마서에서 밝히고 있다.

당시 지중해 중심의 세계에서는 서바나를 땅 끝으로 생각했기 때문이다. 바울은 예수님의 유언인 예루살렘과 온 유대와 사마리아와

My Note

바울의 교회 사랑은 예수님이 인간을 사랑하신 것처럼 참으로 깊고 아름다웠다.

땅 끝까지 복음을 전하고 싶었던 것이다. 바울은 전도여행을 다니며 많은 박해와 고난을 당했다. 고린도후서에 보면 바울이 전도여행을 하면서 얼마나 애쓰고 수고하며 고난당했는지 알 수 있다.

"유대인들에게 사십에서 하나 감한 매를 다섯 번 맞았으며 세 번 태장으로 맞고 한 번 돌로 맞고 세 번 파선하고 일 주야를 깊은 바다에서 지냈으며 여러 번 여행하면서 강의 위험과 강도의 위험과 동족의 위험과 이방인의 위험과 시내의 위험과 광야의 위험과 바다의 위험과 거짓 형제 중의 위험을 당하고 또 수고하며 애쓰고 여러 번 자지 못하고 주리며 목마르고 여러 번 굶고 춥고 헐벗었노라 이 외의 일은 고사하고 아직도 날마다 내 속에 눌리는 일이 있으니 곧 모든 교회를 위하여 염려하는 것이라"(고후 11:24-28).

바울의 1차 전도여행은 바나바와 함께 했으며, 2년에 걸쳐 소아시아 지역을 전도했다. 전도의 경로는 아래와 같다.

1차 전도여행

수리아 안디옥 → 실루기아 → 구브로 섬의 살라미 → 바보 → 밤빌리아의 버가 → 비시디아 안디옥 → 이고니온 → 루스드라 → 더베 → 루스드라 → 이고니온 → 비시디아 안디옥 → 버가 → 앗달리아 → 수리아 안디옥 바울의 2차 전도여행은 실라와 함께 했으며 3년이 소요되었다. 바울의 처음 계획은 1차 전도여행 때 소아시아 지역에서 개척했던 교회들을 돌아보려고 했었다. 그런데 성령님께서 유럽 쪽으로 인도하셔서 결국 복음이 유럽으로 건너가게 되었다. 빌립보는 알렉산더 대왕의 아버지 필립포스가 세운 도시로, 그리스의 도시이고 유럽의 첫 관문이었다. 바울은 실라와 함께한 2차 전도여행 중에 믿음의 아들 디모데를 제자로 삼았고 드로아에서 의사 누가를 만난다. 의사 누가는 사도행전에서도 공부했지만 누가복음과 사도행전을 기록했으며 바울이 전도여행 중, 매 맞고 감옥에 갇혔을 때 감옥 안까지 함께 들어가 바울을 치료해 준 제자이다. 바울 일행은 고린도에서 약 1년 6개월 정도 머물면서 고린도 교회를 세웠는데 그때 바울은 데살로니가전서와 데살로니가후서 2개의 편지를 썼다. 그리고 갈라디아 교회에 보내는 갈라디아서도 2차 전도여행 기간 중 기록했다. 바울의 2차 전도여행의 경로는 아래와 같다.

2차 전도여행

수리아 안디옥 → 다소 → 더베 → 루스드라 → 비시디아 안디옥 → 드로아 → 네압볼리 → 빌립보 → 암비볼리 → 아볼로니아 → 데살로니가 → 베뢰아 → 아덴 → 고린도 → 겐그레아 → 에베소 → 로도 → 가이사랴 → 예루살렘 → 수리아 안디옥

바울의 3차 전도여행은 4년에 걸쳐서 이루어졌으며, 3차 전도여행을 시작하면서 에베소에서 고린도전서와 고린도후서 2편의 편지를 써서 고린도 교회에 보내 고린도 교회의 문제들을 해결하고 성도들

을 바르게 세우기 위해 애썼다. 그리고 3차 전도여행 끝 무렵 고린도에서 약 3개월 정도를 머물면서 한 번도 가본 적이 없는 로마의 성도들을 위해 로마서를 기록했다. 3차 전도여행의 경로는 아래와 같다.

3차 전도여행

안디옥 → 에베소 → 고린도 → 빌립보 → 드로아 → 앗소 → 미둘레네 → 기오 → 사모 → 밀레도 → 고스 → 로도 → 바다라 → 두로 → 돌레마이 → 가이사랴 → 예루살렘

3차 전도여행을 마치고 목숨의 위협에도 불구하고 예루살렘을 방문한 바울은 전도여행 기간 중 어려운 형편에 처한 예루살렘 성도들을 위해 모금한 헌금을 전달했다. 그러나 이 때 바울을 죽이고자 하는 폭력적인 유대인들에게 잡혀 죽을 위기에 처한다. 그러나 바울이 로마 시민임을 알게 된 예루살렘의 천부장에 의해 로마 총독이 있는 가이사랴로 보내진다. 가이사랴 감옥에서 2년간 머문 후, 바울은 로마 황제의 재판을 받기 위해 로마로 압송되고 다시 로마 감옥에서 2년을 지낸다. 그때 로마 감옥 안에서 바울은 에베소서, 골로새서, 빌립보서, 빌레몬서 등 옥중서신을 쓴다.

바울의 전도여행은 복음이 소아시아와 유럽으로 퍼지게 했으며, 많은 교회들이 세워지게 했다. 바울은 교회를 세우고 그 교회들이 든든히 서 가도록 기도하고 편지를 보내며 때로는 제자들을 그곳에 보내어 성도들을 돌보도록 하며 최선을 다했다. 또, 때로는 오해를 받아서 이를 풀기 위해 변명을 한 적도 있고, 잘못된 유대교의 전통을 받

아드리려고 하는 교회들에게는 단호하게 예수 그리스도의 순수한 복음만이 전파되도록 강력한 편지를 보낸 적도 있다. 바울의 교회 사랑은 예수님이 인간을 사랑하신 것처럼 참으로 깊고 아름다웠다.

바울의 전도여행은 그가 만난 예수 그리스도의 십자가를 아는 지식이 충만했기에 끝내 힘 있었고 능력 있었다. 지칠 줄 모르고 30여 년을 복음 전도에 힘쓴 사도 바울의 애씀으로 말미암아 오늘 우리에게까지 복음이 들어오게 되었고 사도 바울의 복음 편지들은 오늘을 사는 우리에게 진정한 예수 그리스도를 만나게 하는 통로가 되고 있다. 사도 바울의 전도여행의 그 발길들이 너무나도 소중하고 아름답다.

- 누군가로부터 전도를 받았거나, 전도를 한 경험 또는
전도를 하고 싶은 생각이 들었던 적이 있다면
그 때의 기분이 어떠했는지 문장으로 표현해 봅시다.

- 복음 전도자들의 아름다운 발길을 생각해 보고,
나도 주의 복음을 전하는 전도자로서의 결단을 해 봅시다.

[하나님과] 통 [친구와] Tong [세상과] 通

세계 역사의 중심이며 하나님의 성전과 골고다가 있는 '예루살렘'

성경에서 예루살렘은 살렘, 여부스, 시온 산성, 다윗 성, 오홀리바 등의 여러 가지 이름으로 불렸으며, '평화의 도시' 라는 뜻으로, 다윗에 의해 점령되어 이스라엘 역사상 가장 중요한 도시가 되었다. 해발 700-1,000m에 이르는 유다 산지에 위치하고 있으며 삼면이 골짜기로 되어 있어 방어가 용이한 지형이었다.

예루살렘은 지난 3000년간 계속하여 거주지가 되었기에 환경적으로나 지형적으로 많은 변화가 있었다. 지금의 예루살렘은 예루살렘 성과 동예루살렘, 새로 건설되는 신시가지로 나뉘어 있으며 예루살렘 성은 터키의 술레이만 대제가 쌓은 성이다. 지금 약 2만 명의 사람이 살고 있는 예루살렘 성은 유대인 구역과 기독교인 구역과 아랍인 구역과 아르메니안 구역으로 구분되어져 있다.

판 마흔다섯

바울의 편지들

45

많은 교회를 세웠던 바울은 그 교회들에게
복음 편지들을 보내 교회를 든든하게 세워 갔다.
이 편지들을 통해 오늘날 우리는 예수 그리스도에 대해 더 깊이 알 수 있다.

신약성경에 소개된 바울의 편지들은 13편이나 된다. 안디옥에서 시작된 바울의 전도여행은 1차 소아시아 지역에서 2년, 2차 소아시아와 유럽 지역에서 3년, 3차 소아시아와 유럽 지역에서 4년간 이루어졌다. 이 기간에 바울은 많은 교회를 개척했고 그 교회들에게 편지를 보내 믿음이 자라도록 계속 사랑과 관심을 보였다. 바울의 편지들을 읽어 보면 바울이 성도들의 모임인 교회를 얼마나 아끼고 사랑했는지 가슴 뭉클하게 느껴진다.

바울은 2차 전도여행 중 고린도에 약 1년 6개월 정도 머물면서 고린도 교회를 세웠다. 고린도 교회의 목회를 하면서 바울은 데살로니가전서와 데살로니가후서 두 편의 편지를 써서 데살로니가 교인들에게 보냈다. 바울은 교회에 편지를 쓸 때, 언제나 '은혜와 평강'이라는 단어로 인사를 시작한다. 이것은 하나님께서 모세 시대에 제사장 아론을 통해 이스라엘 백성을 축복할 때 사용했던 방법이다. 바울은 데살로니가 성도들이 환난과 박해 가운데 예수님이 곧 재림하실 것이라는 생각으로 일상생활을 소홀히 하는 점에 대해 지적했다. 그리고 어려운 가운데에서도 예수 그리스도에 대한 올바른 믿음으로 승리하며 하루하루를 힘차게 살도록 격려했다.

바울은 이어서 갈라디아 교회에 갈라디아서를 써서 보냈다. 바울은 전도여행 중 몸이 많이 아파서 치료를 위해 갈라디아로 잠시 요양을 간 적이 있다. 그런데 바울은 그 아픈 가운데서도 갈라디아 교회를 세우게 된 것이다. 바울은 몸이 많이 아팠던 자신을 진심으로 돌봐 주며 사랑했던 갈라디아 교회의 성도들을 늘 고맙게 생각했고 잊을 수가 없었다. 구원은 율법으로서가 아니라 예수 그리스도를 믿는 믿음으로 말미암는다는 복음의 핵심을 바울은 갈라디아 교회 성도들에게 정성껏 써서 보낸다.

바울은 3차 전도여행 기간 중 에베소에서 머무르고 있을 때 고린도전서와 고린도후서 두 편의 편지를 고린도 교회에 보냈다. 항구도시이며 경제적으로 부유했던 고린도 교회가 여러 파로 나뉘어서 싸우고 있다는 소식을 들었다. 바울은 안타까운 마음을 가지고 고린도 교회가 올바르고 건강한 교회가 되게 하기 위하여 알아야 할 것들에 대해 정성껏 편지를 써서 보냈다. 고린도 교회가 바울파, 아볼로파,

베드로파, 그리스도파 이렇게 4그룹으로 나뉘어 싸우는 것은 옳지 않다고 말해 주고, 고린도 교회 안에 바울의 사도성을 의심한다는 소식에 대해서는 바울 자신이 진정한 사도임을 밝히기도 한다. 덕분에 오늘날 우리는 바울이 사도로서 얼마나 수고하고 애쓰며 고난당했었는지 알 수 있다. 고린도후서 11장 16절에서 33절까지 자세히 읽어 보기 바란다.

3차 전도여행이 끝날 무렵, 바울은 고린도에 약 3개월 정도 머물면서 한 번도 가보지 않은 로마의 성도들에게 로마서를 써서 보낸다. 당시 로마 교회에는 유대인들이 꽤 많이 살고 있었고 그들 중에 예수님을 믿는 사람이 생겨났던 것이다. 또한 로마인이나 헬라인들 중에서도 예수님을 믿는 사람들이 생겨서 로마에 교회가 세워졌던 것이다. 바울은 로마에 있는 성도들에게 예수 그리스도의 고난과 부활, 그리고 하나님의 사랑에 대해 자세히 알려 주고 싶었다.

그리고 로마서에서 바울은 자신의 중요한 전도 계획을 말한다. 그것은 로마 교회의 후원을 받아 서바나(오늘의 스페인)로 가고 싶다는 내용이었다. 당시 서바나는 땅 끝이라고 알려져 있었기 때문이다. 바울은 땅 끝까지 복음을 전하라고 말씀하셨던 예수님의 명령을 자신이 살아 있는 당대에 실현하고 싶었다. 예수님의 이 명령을 지키고 싶어 했던 바울 덕분에 예수님은 행복하셨을 것이다.

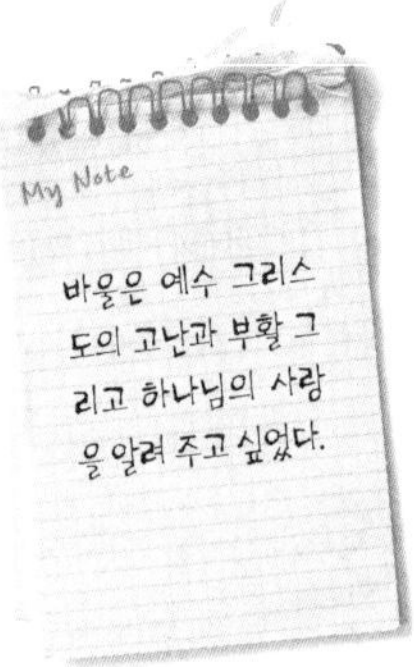

바울이 3차 전도여행을 마치고 예루살렘을 방문하였다. 그 이유는 여러 차례 이야기하였지만 바울이 전도여행 중에 모금했던 헌금을 어려운 형편에 처해 있는 예루살렘 교회에 전달하기 위해서였다. 그런데 바울이 예루살렘에 가기 전에 이미 목숨이 위험하다는 사실이 알려졌다. 그러나 바울은 포기하지 않고 예루살렘에 들어갔다. 예상했던 대로 바울은 목숨이 위태로울 지경에 처한다. 그러나 바울이 로마 시민권자임을 안 예루살렘의 천부장이 바울을 구해 로마 총독이 있는 가이사랴로 올려 보낸다. 바울은 가이사랴 감옥에서 2년, 이후 로마로 옮겨져 로마 감옥에서 2년, 이렇게 약 4년간의 옥중 생활을 하게 된다.

로마 감옥 안에서 바울은 4편의 옥중서신을 교회들에게 보낸다. 에베소 교회와 골로새 교회와 빌립보 교회 그리고 개인 빌레몬에게 보낸 편지들이다. 이 편지들이 에베소서, 골로새서, 빌립보서, 빌레몬서이다. 에베소서는 예수 그리스도의 몸된 교회가 무엇인지를 알려준다. 그리고 골로새서에서는 예수님이 누구이신지 바울의 깊은 사고를 통해 정리된 것을 알려 준다. 사도 바울을 통해 배운 예수 그리스도는 정말 깊고 오묘하신 분이시다. 사도 바울은 개인적으로 깊은 사랑을 자신에게 전했던 빌립보 교회에게 편지를 보내고 기적의 편지 빌레몬서도 써서 보낸다. 빌레몬서는 예수를 믿는 바울이 예수를 믿는 제자 빌레몬에게 예수를 믿는 사람 오네시모를 종에서 친구로 받아 주라는 기적의 편지이다.

그리고 바울은 자신이 곧 순교하게 될 것을 짐작하며, 믿음의 아들 디모데와 디도에게 바울 이후에 남겨질 교회들을 부탁하는 편지를 보낸다. 그 편지들이 디모데전서, 디도서, 디모데후서였다.

바울의 이 귀한 복음 편지들 중에 많은 양이 두기고에 의해서 전달되었다. 두기고는 먼 거리에 있는 교회와 성도들에게 바울의 편지들을 전하면서 바울이 처한 상황과 바울의 마음까지 잘 전달해 주었다. 그래서 바울의 복음 편지를 받은 사람들이 바울의 진심을 더 잘 알 수 있었다.

바울은 많은 믿음의 동역자들과 함께했고, 제자들을 길러 냈고, 많은 교회들을 세웠으며 그 교회들에게 복음 편지들을 보내 교회를 든든히 했다. 그런 노고와 수고는 일일이 다 열거할 수 없을 정도이다. 바울의 많은 복음 편지들을 통해 오늘날 우리는 예수 그리스도에 대해 더 깊이 알 수 있고 복음이 무엇인지 깨닫게 된다. 한 자 한 자 정성껏 써내려 간 그 복음 편지가 우리의 믿음을 굳건하게 하는 데 큰 힘이 된다. 우리 친구들도 복음이 필요한 모든 사람들에게 바울과 같이 복음 편지를 정성껏 써서 보내 보자. 우리 때문에 21세기에도 예수님께서 기뻐하실 수 있도록.

- 바울과 함께했던 동역자들을 보면서 나의 신앙생활 가운데 함께 도와주고 힘이 되어 주는 친구, 선생님은 누구일까요?

- 그동안 복음을 전하고 싶었던 전도 대상자에게 내가 만난 예수 그리스도를 알리는 복음 편지를 써 봅시다.

한글 & English

판마흔여섯

CEO의 추천을 받은 "오네시모"

Let' s Tong Onesimus, the one who had a recommendation of a CEO

〈조병호 저,『21세기 CEO의 친구들』 발췌〉

46

한 번 밖에 살지 않는 인생을
의미 있게 살고 싶었던 오네시모는
바울을 통해 진정한 CEO, 예수 그리스도를 알게 되었다.

태어나 보니 종이었습니다.

He was born a slave.

아무리 노력해도 바뀌는 것이 아무것도 없었습니다.

No matter how hard he worked, it still did not change anything.

아침에 자기 또래의 주인집 도련님보다 일찍 일어나 '서서 기다리며 명령을 대기하는 삶' 인 노예의 하루를 시작해야 했습니다.

First thing in the morning, he had to get up earlier than

his owner who was similar in age to himself to spend a life of 'standing whilst waiting'.

주인집 도련님과 같이 학교에 갑니다. 옆에서 공부도 같이하였습니다.

He went to the same school as his owner, and was able to learn what his owner learnt.

그러나 그 공부는 자신의 실력을 향상시키기 위해서가 아니라, 이후 평생 모셔야 할 주인의 명령을 잘 받아 듣고 수행하기 위함이었습니다.

But this education was not for his sake, as he was only to be educated so that he could understand the contents of what the owner expected of him later on.

집에 돌아와 점심식사를 한 후 오후에 도련님과 체력 단련을 위해 수련장에도 함께 갑니다.

After returning from school, they had lunch and went together to the gymnasium.

이 일 역시, 단지 도련님의 수련 상대가 되어 주기 위해서입니다.

This was also for the owner's sake so that he could be his 'training partner'.

이러한 삶을 불평 없이 살아야 하는 것이 당시 노예의 삶이었습니다.

To live to serve was the motto of everyday slaves.

오네시모는 이것을 참을 수가 없었습니다.

Onesimus could not stand this any longer.

주위에 같은 노예인 어른들이 오네시모의 생각을 눈치 채고 걱정합니다.

Older slaves around him noticed Onesimus' frustration and worried for him.

그리고는 귀에 못이 박히도록 들었던 스파르타쿠스 이야기를 또 들려주었습니다.

And they ended up telling him the story of Spartacus once more.

노예들에게 필독서가 되어 버린 스파르타쿠스 이야기는 로마의 첫 번째 황제인 아우구스티누스 때보다 더 거슬러 올라가 율리우스 카이사르와 폼페이우스와 크라수스가 삼두정치를 하기도 전 시대의 이야기입니다.

The story of Spartacus had become some kind of legend to all slaves, and the story had been told even before Augustus the first Roman Emperor, and even before Caesar and the triarchy.

그때 전쟁 포로로 잡힌 스파르타쿠스는 로마인의 노예가 되어서 검투사로 살아가고 있었습니다.

At that time, Spartacus had been captured in war and was taken to be a gladiator to Rome.

스파르타쿠스의 주인은 매우 잔악하게 검투 노예들을 대우했는데, 대담하고 지혜를 갖추고 있었으며 고상한 성품을 지니고 있던 스파르타쿠스는 이를 견디다 못해 그가 이끌던 70명 정도의 검투사들과 함께 베수비오스 화산 기슭에 정착하여 무장 집단을 이루었습니다.

His owner was a severely cruel man, and Spartacus could not stand slavery any longer that he ran and took 70 odd gladiators to the mountains with him.

한때 그들 공동체는 10만 명에 이를 정도로 큰 집단을 이루었지만, B.C.71년, 크라수스가 이끄는 로마 군대가 도망친 노예들에 대한 토벌을 시작하자 상황이 많이 달라집니다.

This number grew and grew until it reached nearly 100,000, but when Rome began to search for and kill the run away slaves in B.C.71 some were unfortunately caught and their fortune changed dramatically.

My Note

- frustration 좌절
- severely 심하게, 엄하게

3년여의 잔혹한 토벌 작전 끝에 스파르타쿠스와 함께 6천 명의 노예가 생포되었습니다.

After 3 years of bloody battles, 6,000 slaves including Spartacus were captured.

My Note

- treatment
  취급, 대우, 처리
- therefore
  그러므로

당시 로마는 도망친 노예에 대한 처벌이 얼마나 무서운지를 보여 주기 위해, 지금 우리나라로 할 것 같으면 경부고속도로와 같은 아피아 가도에 양쪽으로 3천 개씩, 6천 개의 십자가를 세워 그들을 매달아 죽였습니다.

To show as an example how slaves would be treated if they were caught running away, they hung 3,000 crosses on both sides of a long road and hung all 6,000 slaves on them.

그 후 노예들에게 스파르타쿠스에 대한 이야기는 귀에 못이 박히도록 들려지고 또 들려졌습니다.

After this, the story of Spartacus was passed down to slaves over and over again.

로마 제국은 노예제도를 폐지할 마음이 일절 없었기 때문입니다.

This was so since the Roman Empire had no plans of letting the slave system go.

얼마나 이 얘기를 귀에 못이 박히도록 들었는지 오네시모는 밤마다 십자가에 매달리는 꿈을 꾸었습니다.

Because Onesimus heard this repeated ridiculously, he dreamt of hanging on the cross and dying every night.

그러나 노예로 살고 싶지 않은 그의 마음은 밤마다 꾸는 꿈보다 더 강렬했습니다.

However, his desire to live as a free man overcame his fear of dreams that hung him on crosses.

오네시모의 주인인 빌레몬은 예수라는 사람을 그리스도로 모신 사람이었습니다.

Onesimus' owner Philemon was a Christian, a kind and gentle man.

그래서 다른 주인들보다 종들에게 훨씬 더 인간적으로 따뜻하게 대우해 주었지만, 그럼에도 불구하고 오네시모는 노예라는 신분 자체를 받아들이는 것이 너무 힘들어 주인이 섬기고 있는 예수 그리스도에 대해서 관심을 가지려 하지도 않았습니다.

His treatment of slaves was therefore more gentle than average, but still Onesimus could not accept that he had to live the rest of his life as a slave, and did not even bother to take interest in the so-called Jesus that his owner believed in.

My Note

- knowledge
지식, 학식

- despite
~에도 불구하고

오네시모는 고민하고 고민한 끝에, 드디어 목숨을 걸고 주인집에서 도망치는 데 성공했습니다.

Onesimus thought long and hard, and in the end risked his life and was successful in getting away.

소아시아에 있는 골로새에서 나온 그는 그리스와 유럽을 거쳐, 로마까지 무사히 도망했습니다.

From Colossians in Asia, he crossed Europe and in the end succeeded in reaching Rome.

로마는 도망친 종에게 가장 위험한 곳이긴 했지만, 동시에 세계에서 가장 큰 도시여서 몸을 숨기기에 좋다는 장점도 있었습니다.

Although Rome punished escaped slaves most cruelly, it also had the advantage that it was so busy that it was the most excellent place to hide.

그래서 오네시모는 그의 도망 장소를 로마로 결정했던 것입니다.

This was why Onesimus had chosen Rome.

그의 도망한 경로만 보아도 그가 얼마나 스케일이 큰 사람이었는지를 알 수 있습니다.

Simply looking at his knowledge of where was the best

place to hide, we can presume his grand scale.

무사히 도망치는 데에는 성공했지만 하루하루가 늘 불안한 나날들이었습니다.

Despite being successful in his escape, he had to live in fear of being caught everyday.

오네시모는 한 번밖에 살지 않는 인생을 의미 있게 살고 싶었습니다. 그래서 훌륭한 스승을 찾기 위해 노력했습니다.

Onesimus wanted his life to have meaning, and therefore tried to find himself a good teacher.

그러던 중에 로마 감옥에 갇혀 있는 CEO바울에 대해서 듣게 되었고, 오네시모는 용기를 내어 바울을 찾아갔습니다.

He then came to know of CEO Paul who was in a Roman prison, and risked his life again to find him.

그리고 바울을 통해 진정한 CEO예수 그리스도를 알게 되었습니다.

And through Paul, he learnt about Christ Jesus, the true CEO.

감옥 안에 갇혀 있는 바울이 바깥으로 나올 수는 없었지만, 찾아가 면회하는 사람들과는 만날 수 있었기 때문에 가능한 일이었습니다.

This was possible, as although Paul was not allowed out

of the prison, he was granted the small freedom to meet people who came to visit him.

CEO바울을 통해 진정한 CEO예수님을 영접하고 믿음의 사람이 된 오네시모는, 어느 날 바울과 대화를 하던 중에 자기의 원래 주인 빌레몬이 바울의 제자였다는 사실을 알게 됩니다.

During their many talks, Onesimus one day found out that his former owner was a disciple of CEO Paul' s.

이 사실을 알고 나서, 며칠 동안 잠을 이루지 못했습니다.

After finding this out, he could not sleep for days.

하지만 결국 오네시모는 이제 자신에게도 스승이 된 바울에게 모든 것을 고백하기로 결심합니다.

But in the end, he decided to confess everything to his master Paul.

그는 바울에게 자신이 소아시아의 골로새에서 도망쳐 온 종이며, 자신의 원래 주인이 빌레몬임을 고백했습니다.

He confessed to Paul that he was in fact a run away slave from Colossians, and Philemon was his previous owner whom he had escaped from.

바울도 몹시 당황스러웠지만, 용기를 내어 쉽지 않은 고백을 한 오네시모를 따뜻하게 위로했습니다.

At first Paul was shocked, but he soon soothed Onesimus kindly, knowing how difficult it must be for him to confess this.

그리고 깊은 생각 끝에, 오네시모에게 말했습니다.

And after considering deeply, he spoke to Onesimus.

"편지를 한 통 써 줄 테니, 그걸 가지고 빌레몬에게 돌아가지 않겠느냐?"

"Would you return to Philemon with a letter I will provide for your safety?"

오네시모는 이제 어떤 것도 두렵지 않았습니다.

Onesimus now had nothing to lose.

자신의 진정한 CEO예수 그리스도를 마음에 품고 나니 늘 불평불만이었던 자신의 인생이 부끄러워졌습니다.

Now that he had met his true CEO Jesus he felt embarrassed of all his past moaning and groaning.

My Note

- confess 자백하다
- previous 앞의, 이전의

오네시모는 CEO바울의 말을 신뢰하고 바울이 시키는 대로 하겠

My Note

- agreed
  협정한, 동의하여
- explain
  설명하다

다고 대답합니다.

He now only cared for searching and finding God' s will, and he quite cheerfully agreed to return to his once hellish home.

바울은 오네시모를 빌레몬에게 돌려보내며 두기고를 함께 보냈습니다. 그리고 바울은 두기고에게, 자신의 편지를 잘 전달하고, 가는 도중 오네시모를 안전하게 돌볼 것이며, 또한 빌레몬에게 자신의 마음을 전해 달라고 부탁했습니다.

Paul sent Onesimus with Tychicus to Philemon, and also asked Tychicus to hand over the letter before anger reached Philemon first, and to protect Onesimus from harm.

두기고는 이 일을 가장 잘할 수 있는 사람이었습니다.

Tychicus was a man who was most able to fulfill this mission without fail.

예수 그리스도를 믿는 바울이, 예수 그리스도를 믿는 사람 오네시모를 위해, 예수 그리스도를 믿는 사람 빌레몬에게 쓴 기적의 편지 한 통이 두기고의 품 안에 안겼습니다.

Tychicus now had the job of delivering the letter to Philemon the man of God for Onesimus the man of God from Paul the man of God.

드디어 골로새에 도착한 오네시모는 두기고와 함께 빌레몬 앞에 섰습니다.

They finally reached Colossians, and there Onesimus stood before Philemon with Tychicus.

두기고가 전해 준 바울의 편지를 받은 빌레몬이 오네시모를 한 번 쳐다본 후, 말없이 편지를 읽어 내려갑니다.

When Tychicus handed Philemon the letter, he looked at Onesimus once and silently read the entire letter.

이 편지는 실은 CEO바울이 오네시모를 위해 빌레몬에게 쓴 인격을 건 추천서였습니다.

This letter was in fact a recommendation letter about Onesimus' personality and change.

편지를 다 읽은 빌레몬에게 두기고가 바울의 사정과 바울의 진심을 다시 잘 전합니다.

After Philemon finished reading the letter, Tychicus explained once more of why Paul had sent Onesimus back, and what he wanted to be done.

노예를 형제로 받아들이는 일은 역사상 전례가 없던 일입니다.

Throughout history, there had never been a case when the owner accepted a slave as his own brother.

바울은 예수 그리스도 안에서 당시 어느 누구도 상상할 수 없었던 파격을 요구한 것입니다.

Paul had requested something that was called impossible, that is, until now.

기적이 일어났습니다.

Then a miracle happened.

"나의 형제여!"

"My brother!"

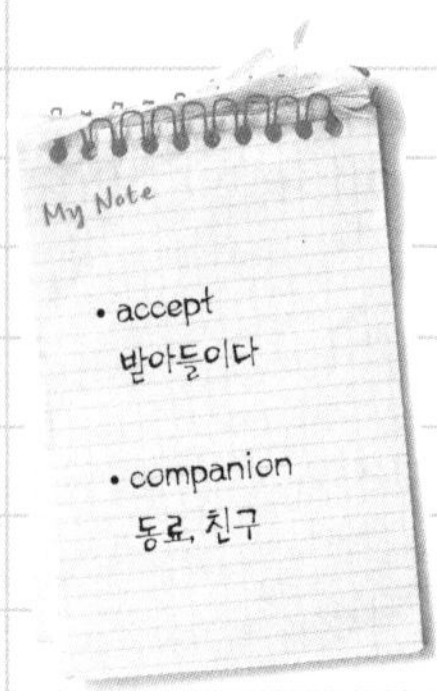

빌레몬이 오네시모를 향해 다가오더니, 그를 '형제' 라고 부르며 끌어안았습니다.

Philemon came over to where Onesimus was, called him 'brother', and embraced him.

CEO바울의 편지를 받은 빌레몬이 종이었던 오네시모를 형제로 받아들인 것입니다.

After receiving CEO Paul' s letter, Philemon accepted Onesimus as his brother.

이렇게 기적의 편지 빌레몬서를 통해 종이었던 오네시모는 바울의 제자요, 빌레몬의 동역자가 되어 골로새 교회에서 중요한 역할을 감당하게 됩니다.

Like this, Onesimus went from being a slave to Paul' s disciple to Philemon' s brother, and carried out important tasks for the Church of Colossians later on.

이것이 CEO바울의 추천서를 받은 오네시모가 경험한 기적 같은 이야기입니다.

This is the story of Onesimus who experienced the miracle of being transformed from a slave to a companion and friend by CEO Paul.

- 내가 잘못한 일에 대해 누군가로부터 진심 어린 용서를 받아본 적이 있는지, 있다면 언제, 누구로부터였는지 떠올려 봅시다.

- 가장 싫어하는 행동은 무엇이며, 누군가 그 행동을 보였을 때 과연 나는 얼마만큼 그 사람을 용서할 수 있을지 적어 봅시다.

한글 & English

판 마흔일곱

CEO에게 칭찬받은 "가이오"

Let' s Tong Gaius - the one who was blessed by a CEO

〈조병호 저, 『21세기 CEO의 친구들』 발췌〉

47

가이오는 직접 복음을 전하는
전도인으로 살지는 않았지만 전도인들과 마음을 함께하는 일을
즐거이 감당한 사람입니다.

예루살렘 중심의 초대교회 성도들이 스데반과 야고보 순교 후 여러 곳으로 흩어지게 되었습니다.

The people of the first church in Jerusalem all split after the death of Stephen and James.

특히 안디옥 교회는 세계 선교를 위한 전초기지가 됩니다.

Antioch church especially became the base-camp for apostles wanting to reach out into the rest of the world.

가장 먼저 바울과 바나바가 안디옥 교회 파송을 받아 소아시아 지

역으로 전도여행을 떠났고, 그 복음의 씨앗이 이후 아시아를 거쳐 유럽, 그리고 멀리 아프리카에까지 퍼지게 되었습니다.

Paul and Barnabas had been sent by Antioch church on their trip of belief to Asia, and that seed of faith reached Asia and Europe and into Africa.

복음 전파를 위해 수고한 사람들 중에는 바울 외에도 많은 전도인들이 있었습니다.

There were many apostles who worked around the same time as Paul.

한 번 전도여행을 떠나면 몇 달이 걸릴지, 몇 년이 걸릴지 모르는 긴 여행이었습니다.

These trips often dragged to months or even years once it began.

My Note

- spread 펴다, 뻗다
- passion 열정

당시 전도인들이 복음을 전하기 위해서는 목숨을 건 위험을 감수해야 했고, 산을 넘고 물을 건너는 먼 여행을 해야 했습니다.

In order to spread faith, the apostles had to risk their lives often crossing mountains and rivers in order to reach their destinations.

편협한 선민의식에 빠져 예수 그리스도를 십자가에 못 박혀 죽게 했으며, 야고보와 스데반을 순교하게 한 과격한 유대인들이 전도인들을 따라다니며 죽이려 하고 복음을 방해하는 무서운 상황이었습니다.

The Jews who had put Jesus on the cross and stoned Stephen and James to death were also looking to hunt down these apostles.

뿐만 아니라, 전도인들은 여비도 넉넉하지 못했고, 하룻밤 머물러 쉴 곳과 한 끼 식사도 늘 마땅찮았습니다.

Also, these men never had enough money to travel, and they were lucky if they were able to find a place to stay the night or even have a meal.

오직 예수 그리스도의 사랑에 사로잡혀, 헌신과 열정으로 다니는 여행길이었습니다.

The journey simply consisted of their love for Jesus, their commitment and passion, nothing more.

가이오도 복음 전도자로 떠나고 싶었습니다.

Gaius also wanted to travel as an apostle along with these men.

하지만 가이오는 자신이 할 수 있는 다른 일을 생각했습니다.

But he instead thought of what else he might be able to do

to help.

복음 전도인이 많이 필요하기도 했지만 복음 전도인을 위해서 그들을 물심양면으로 돕는 누군가의 헌신도 필요하다고 생각했습니다.

He knew that there were many apostles, but not enough people to help these men in their travels when they needed basic supplies such as food and shelter.

가이오는 자신이 직접 전도인으로 나서지는 않았지만 자신의 집을 공개하기로 마음먹었습니다.

Gaius did not volunteer himself as an apostle, he instead decided to help by providing them his house.

그래서 자신이 살고 있는 곳이나 인근 지방을 여행하고 있는 전도인에 대한 소식을 들었을 경우, 그 전도인들을 자신의 집으로 초대했습니다.

And so when he heard that an apostle was passing his way, he invited them to his house.

여행길에 지친 몸을 며칠 동안 쉬면서 작은 위로를 받도록 했습니다.

He gave them a place to stay for a few nights, and consoled them in their tiredness.

영양가 있는 음식도 대접하고 밀린 빨래도 깨끗하게 해 주면서, 다시 새로운 마음으로 전도여행을 떠날 수 있도록 힘을 북돋워 주었습니다.

He offered them nourishing food and washed their clothes, and gave them strength so that they could start fresh in their journey again.

그래서 가이오의 집에는 항상 이러한 전도인들의 발길이 끊이질 않았습니다.

And so, the footsteps of tired and hungry apostles never left the house of Gaius.

자기 집에 손님을 초대한다는 일은 번거롭고 불편한 일입니다.

To invite a guest to stay at one' s home is not an easy task.

아무리 사람과 어울리는 것을 좋아하는 사람이라고 하더라도, 손님치레는 한두 번이면 족하다고들 생각합니다.

No matter how fond one is of people, it is mostly thought that having guests once or twice is enough.

My Note

- volunteer 지원자
- invite 초청하다

그러나 가이오는 직접 복음을 전하는 전도인으로 살지는 않았지만 전도인들과 마음을 함께하는 일을 즐거이 감당한 것입니다.

But Gaius happily went through all the hard work of serving his guests instead of setting off as a traveller himself.

이렇게 전도인들로 손님이 끊이지 않았던 가이오의 가정도 부부가 함께 신앙을 키워 갔으리라 여겨집니다.

It is believable that Gaius' family would have strengthened in faith whilst providing this service.

My Note

- nourishing 영양이 되는
- faith 신뢰, 신념

아브라함을 내조한 사라처럼, 가이오의 아내도 가이오를 도와 전도인들에게 음식을 요리하여 대접하고, 전도인들에게 필요한 물품들을 이것저것 챙기는 일을 기쁨으로 감당했을 것입니다.

Like Sarah and Abraham, Gaius' wife would have served the guests alongside her husband by cooking nourishing food and giving them things they might need for the journey gladly.

이런 가이오가 CEO요한의 격려와 축복의 편지를 받은 것은 정말 그럴 만하다는 생각이 듭니다.

It is also believable that St John, one of the disciples of Jesus, sent a letter to Gaius.

사도 요한은 예수님의 열두 제자들 중에 가장 오래 산 사람입니다.

St John was the disciple of Jesus' that lived for the longest out of the twelve.

많은 사도들이 이미 순교했고, 가장 나이 어렸던 예수님의 제자 요한이 나이 든 사도가 되어 당시 교회를 책임지고 돌보는 입장에 있었습니다.

Many apostles had already died before him, and he himself had become an old apostle and was the head of a church.

많은 전도인들이 전도여행을 하고 돌아와서 CEO요한에게 예수 그리스도의 복음이 어디에까지 어떻게 전파되었는지 보고하며 함께 기쁨을 나누었습니다.

Other apostles came back to CEO St John after their trip and shared information of how far the faith had spread into the world.

거기에 덧붙여 전도인들은 가이오의 집에서 쉼을 얻고 위로를 받았다는 이야기도 전해 주었습니다.

Adding to this, the apostles told him about how Gaius had given them comfort when they stayed at his home.

CEO요한은 가이오가 너무나도 고마웠습니다.

CEO St John felt grateful towards Gaius.

복음 전도인들을 위한 가이오의 헌신과 수고를 칭찬하고 격려하고 싶었습니다.

He wanted to praise and encourage Gaius for all his efforts.

그래서 CEO요한이 복음 전도자들을 대표해서 가이오에게 감사와 사랑과 축복의 편지를 쓰게 된 것입니다.

And so he wrote a letter of thanks and blessing to him as a representative of all apostles.

"사랑하는 가이오, 정말 정말 사랑하는 자에게 몇 자 적어 보내네. 사랑하는 자여, 네 영혼이 잘됨 같이 네가 범사에 잘되고 강건하기를 내가 간절히 기도한다네."

"To my dear friend Gaius, whom I love in truth. Dear friend, I pray that you may enjoy good health and that all may go well for you, even as your soul is getting along well."

우리는 영혼이 잘됨 같이 범사에 잘되고 강건하기를 원합니다.

We wish for ourselves good health and want to do well in all that we do.

이 성경 구절이 얼마나 좋은지 목판에 새겨 벽에 걸어 놓습니다.

This is most people' s favourite verse in the Bible, and is even written on people' s doorsteps.

누군가에게 선물할 때 이 성경 구절이 쓰인 액자를 선물하기를 좋아합니다.

These words are often sent as gifts to others, and is often framed.

그런데 이 말씀은 CEO요한이 복음 전도자들을 위하여 사랑과 수고를 아끼지 않았던 가이오에게 주었던 귀한 말씀입니다.

But these words were written in a letter from CEO St John to Gaius as a thank you for all his hard work.

My Note

- encourage
  용기를 북돋우다
- selfless
  사심 없는, 우사의

우리도 가이오처럼 이 말씀을 받을 만한 사랑과 수고를 기쁘게 감당하는 믿음의 사람이 되기를 소원해 봅니다.

We should also aim to hear these words from others, just like Gaius was rightly praised for his selfless actions.

새판 짜기

누군가로부터 대접 또는 섬김을 받아 본 적이 있나요?
그때의 기분과 마음이 어떠했나요?

자신의 집에 꼭 초대하고 싶은 사람이나 대접을 하고 싶은 사람이 있나요? 그 사람에게 사랑의 마음을 담아 초대하는 글을 적어 봅시다.

판 마흔여덟

공동서신

48

위험한 처지에도 성도들을 돌보며
그리스도의 진리를 알게 했던 초대교회 지도자들의 모습이 담긴
공동서신들을 깊게 묵상하고 통독하자.

초대교회는 안팎으로 모두 큰 어려움을 당하고 있었다. 초대교인들 대부분이 원래 바울처럼 유대인의 선민의식을 가지고 있던 이스라엘 사람들인데 사도들의 전도를 통해 예수 그리스도를 믿게 된 사람들이었다. 유대교는 전도하지 않지만 기독교는 목숨을 걸고 전도하는 종교이다. 예수 그리스도의 복음을 땅 끝까지 전하라는 예수님의 유언을 실천하려고 하기 때문이다. 그리고 예수 그리스도를 믿게 되면 복음을 전하지 않고는 견딜 수 없는 뜨거운 마음들이 불처럼 일어나기 때문이다.

그런데 로마 제국은 정책적으로 기독교인들을 박해하였다. 그래서

예수를 믿는다는 것이 목숨을 걸어야 하는 위험한 일이 되어 버린 것이다. 그러자 원래 유대교인들은 기독교를 버리고 유대교로 다시 돌아가려고 하는 현상이 일어났다. 로마 제국은 전도하지 않는 유대교도들에 대해서는 관대했기 때문이다.

이렇게 믿음이 흔들리고 있는 초대교회 성도들을 바로 세우기 위해 기록된 책이 히브리서이다. 이스라엘 사람들은 가장 위대한 민족의 지도자로 늘 모세를 생각했다. 그러나 히브리서에서는 모세가 이스라엘의 위대한 지도자이긴 하지만 모세는 하나님의 집의 종이었고 예수 그리스도는 하나님의 아들이라고 분명히 가르쳐 주고 있다.

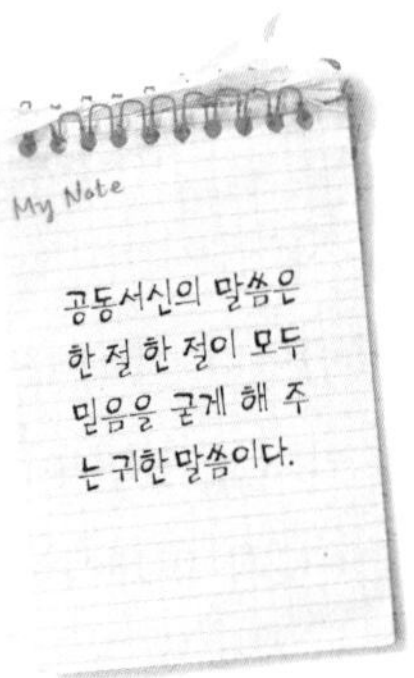

히브리서는 예수님을 유대교의 전통과 비교하며 예수님의 위대하심을 증거한다. 예수님은 선지자보다도, 천사보다도, 모세나 여호수아보다도, 제사장보다도, 그리고 성전이나 제사보다도 크신 분이라는 것이다. 그래서 유대교에서는 우리 예수님이 어느 것과도 비교할 수 없는 살아 계신 하나님의 아들이시기 때문에 믿고 따를 만한 최고의 가치가 있음을 알려 준다. 히브리서 11장은 예수 그리스도를 믿는 믿음이 가장 중요하다는 사실을 잘 정리하여 우리에게 가르쳐 준다.

공동서신 중에 또 다른 책인 야고보서는 로마의 무서운 박해를 당할 위험에 있는 성도들을 격려하기 위해 예수님의 동생 야고보가 기록한 책이다. 신약성경에는 2명의 야고보가 나온다. 한 사람은 요한의 형이며 예수님의 제자로서 가장 먼저 순교했던 야고보이고, 다른 한 명은 야고보서의 저자로 예수님의 동생이며 초대 예루살렘 교회를 위해 열심히 일했던 사도이다.

야고보는 여러 곳에 흩어져서 박해를 받고 어려움을 겪는 성도들에게 고난을 오히려 기쁘게 여기라고 부탁한다. 예수 그리스도께서는 우리를 위하여 하나밖에 없는 목숨도 아낌없이 내어 주신 분이시기 때문이다. 그 예수님을 위해서 박해받고 고난받는 것은 오히려 성도의 기쁨이라고 말하며 성도들을 격려하는 것이다.

예수님의 제자 베드로의 기록인 베드로전서와 베드로후서는 로마로부터 가혹한 박해를 받고 있는 성도들을 위해서 쓴 베드로의 편지들이다. 베드로는 십자가에 거꾸로 매달려 순교했다고 전해진다. 베드로는 이렇게 순교하기 전에 마지막 힘을 다하여 성도들을 아끼고 사랑하는 마음으로 성도들을 위한 위로와 격려의 편지를 썼던 것이다. 베드로는 현재 그리스도의 고난에 동참하면 그리스도의 영광이 나타날 마지막 때에 기뻐하며 즐거워하게 될 것이라고 말해 준다. 당시 교회 지도자들인 베드로, 야고보, 요한과 같은 사람들은 본인들이 당하는 박해는 신경 쓸 겨를도 없이 성도들을 사랑하고 돌보느라 애타는 시간들을 가졌음을 우리는 기억해야 한다.

야고보와 같이 예수님의 또 다른 형제인 유다는 유다서를 기록하였다. 야고보와 함께 예루살렘 교회의 지도자로 일하고 있던 유다는 당시 조금씩 싹트고 있던 이단들의 출현에 대해 경고하고 오직 예수 그리스도를 올바로 믿어 주의 군사된 자로서 승리의 삶을 살도록 격려한다. 히브리서, 야고보서, 베드로전서와 베드로후서, 유다서를 묶어서 공동서신이라고 부른다.

이런 공동서신들을 통해 당시 초대교회 지도자들의 눈물겨운 수고가 피부로 느껴진다. 자신들이 위험에 가장 가까이 노출되어 있음에도 불구하고 어린 양과 같은 성도들을 돌보며 사랑하고 그리스도의 진리를 알게 하려는 노력이 정말 아름답다. 그 말씀 한 절 한 절이 모두 믿음을 굳게 해 주는 귀한 말씀들이기 때문이다. 때로는 깊은 지하에 숨어서 읽었을 이 귀한 편지들을 우리는 너무 편하게 읽을 수 있다. 우리의 믿음이 자라게 하기 위해 공동서신들을 깊이 묵상하고 통독하자.

그리스도인으로서 바꾸고 싶은 나와 세상의 문제에는 어떤 것들이 있나요?

예수님을 믿는 데에 어떤 것들이 어려운 점인지 다섯 가지 정도 순위를 정해서 적어 봅시다.

판 마흔아홉

요한1, 2, 3서와 요한계시록

49

예수님의 사랑을 가장 많이 받은 요한은
예수님께 받은 사랑으로
평생 사랑을 실천하며 살았다.

요한은 예수님의 열두 제자 중 가장 나이 어린 제자였다. 요한의 친형 야고보가 예수님의 제자 중 가장 먼저 순교했으며, 요한은 예수님의 제자 중 가장 늦게까지 남아서 초대교회 성도들을 돌보며 교회의 어른으로 살다가 마지막에 밧모 섬에서 순교하였다. 요한은 나이가 많이 들어 원숙해진 상태에서 깊이 있는 요한복음과 요한1, 2, 3서 그리고 요한계시록을 기록하였다.

요한1, 2, 3서는 사도 요한이 에베소에 쓴 3통의 편지로 초대교회 성도들에게 하나님의 사랑이 무엇인지 알려 주기 위해 쓴 편지들이다. 요한은 어린 나이에 예수님의 제자가 되었고, 예수님이 부활하시고 승천하신 후에는 초대교회를 이끄는 지도자로 열정적인 삶을 살았었다. 이제 나이 든 요한은 자신이 지금까지 섬겨 온 하나님, 그분이 어떤 분이신가에 대해 깊이 생각해 보았다. 그 결론은 '하나님은 사랑이시다' 라는 놀라운 사실이었다. 하나님께서는 독생자 외아들 예수 그리스도를 우리를 위해 속죄의 제물로 내어 주시기까지 우리를 사랑하셨기 때문이다.

요한은 초대교회 성도들에게 하나님의 사랑에 대해서 이렇게 설명했다. "사랑하는 여러분, 서로 사랑합시다. 사랑은 하나님에게서 난 것입니다. 사랑하는 사람은 다 하나님에게서 났고, 하나님을 압니다. 사랑하지 않는 사람은 하나님을 알지 못합니다. 하나님은 사랑이시기 때문입니다. 하나님의 사랑이 우리에게 이렇게 드러났으니, 곧 하나님이 자기 외아들을 세상에 보내 주셔서 우리로 하여금 그로 말미암아 살게 해 주신 것입니다. 사랑은 이 사실에 있으니, 곧 우리가 하나님을 사랑한 것이 아니라, 하나님이 우리를 사랑하셔서, 자기 아들을 보내어 우리의 죄를 위하여 화목제물이 되게 하신 것입니다. 사랑하는 여러분, 하나님께서 이렇게까지 우리를 사랑하셨으니, 우리도 서로 사랑해야 합니다. 지금까지 하나님을 본 사람은 없습니다. 그러나 우리가 서로 사랑하면, 하나님이 우리 가운데 계시고, 또 하나님의 사랑이 우리 가운데서 완성될 것입니다"(요일 4:7-12).

(요한3서에 나오는 멋있는 사람 가이오에 대해서는 판 마흔일곱에서 이미 다루었기 때문에 생략하겠다.)

My Note

우리는 이 땅에 다시 오실 예수님을 기쁜 마음으로 기대하며 기다려야 한다.

신약성경의 마지막 책이며 성경 전체에서도 마지막 책인 요한계시록은 밧모 섬에 갇혀 지내던 요한이 하나님의 계시를 받고 쓴 책이다. 밧모 섬은 로마 시대에 주로 정치범들을 잡아 가두었던 채석장이 있던 섬이었다. 주변 둘레가 약 27km 되는 섬에서 요한을 포함해 잡혀 온 죄인들은 가장 힘든 노동인 돌을 나르고 옮기는 고된 일을 새벽부터 밤까지 매일 해야 했다.

요한계시록은 성경의 다른 부분보다 조금 어렵게 느껴진다. 하지만 하나님께서는 이 말씀을 읽는 사람과 듣는 사람과 지키는 사람에게 큰 복이 있다고 말씀하셨다. 그래서 우리는 요한계시록의 말씀을 읽고 듣고 지키기에 힘써야 할 것이다.

요한계시록은 하나님을 믿고 따르는 사람들이 많은 어려움과 박해를 이겨 내고 마침내 승리하게 될 것이라는 내용을 담고 있다. 또한 새 하늘과 새 땅을 바라보는 소망의 삶을 살 수 있도록 가르쳐 주고 있다. 하나님을 사랑하는 마음으로 믿음을 지킨 사람들에게 하나님께서는 기쁨과 행복이 가득한 새 하늘과 새 땅의 새 나라를 선물로 주시겠다고 약속하셨다.

부활하시고 승천하셨던 우리 예수님은 이 땅에 다시 오시겠다고 약속하셨다. 우리는 기쁜 마음으로 기대하며 우리의 대답을 준비할 수 있다. "아멘, 주 예수여, 어서 오시옵소서." 예수님의 사랑을 가장 많이 받은 요한은 예수님께 받은 사랑으로 평생 사랑을 실천하며 살았고, 깊은 생각 끝에 하나님은 사랑이시라는 대선언을 우리에게 남겼다. 우리도 이제 고백할 수 있다. 하나님은 사랑이시고, 우리는 하나님을 사랑한다고….

새판 짜기

- 내가 사랑했던 사람들은 누가 있으며,
  반대로 사랑하지 못한 사람들은 누가 있나요?

- 내가 생각하는 아름다운 교회의 모습은 어떠한지
  그림이나 글로 표현해 봅시다.

[하나님과] 통 [친구와] Tong [세상과] 通

자유를 노래하라

'요한 세바스찬 바흐' 를 이야기하고자 할 때 그와 더불어 교회음악을 빼놓을 수 없다. 그는 성경 말씀과 코랄(개신교 발생 초기부터 쓴 회중합창곡)을 자신의 종교적 성악곡의 중심에 둘 만큼 독실한 기독교인이었으며 신학자였다. 동시에 그는 예술가였기에, 새로운 경향의 음악을 자신의 창작 활동에 생산적으로 이용하고 싶어 했다.

그는 1년 내내, 매주 교회 달력에 따라 칸타타를 연습하고 연주하며, 작곡했다. 그는 그가 작곡한 음악들이 당시 교회가 원하는 방향으로 가기 위해서는 지나치게 연극처럼, 혹은 오페라처럼 작곡되어서는 안 된다는 규정을 잘 알고 있었다. 그런데도 그 규정을 자신의 음악에는 거의 적용시키지 않았다. 그에게 있어서 '교회' 와 '예술' 은 타협하는 가운데 적당한 선을 찾아가는 정도의 관계가 아니었다. 오히려 '장르' 나 '악기' 자체에 선악(善惡)의 개념을 두어 교회와 예술을 분리시키고 하나님을 찬양하는 데 있어서 옳고 그름을 가리기보다는 그 모든 것들을 하나님 앞에서 어떠한 마음가짐으로 '어떻게 사용하느냐' 하는 것이 문제가 되었던 것이다. 바흐에게는 이 고민을 뛰어넘을 수 있는 실력이 있었고 믿음이 있었다.

판쉰

〈구약〉
퀴즈 통通바이블

50

1. 다음에서 설명하는 인물은 누구일까요?

· 하나님의 가슴에 흐르는 눈물을 땀으로 흘려 낸 사람 · 자신과 자신의 가족이 살았다는 안도감보다도 죽어 가는 사람들을 보며 말할 수 없는 안타까움을 느낀 사람 · 포도 농사를 지었던 사람

2. 빈 칸을 알맞게 채우시오.

하나님께서 아브람에게 "떠나라"고 말씀하시며, 약속하신 두 가지는 (   )과 (   )에 대한 것입니다. 이 두 가지는 아브람의 가족과 이스라엘, 이후 궁극적으로 열방을 향하신 하나님의 꿈의 두 가지 기초입니다.

3. 다음 내용이 설명하는 지명을 쓰시오.

> · 아브라함이 사라의 매장지로 구입
> · 유다 지파 갈렙의 삶의 근거지
> · 다윗이 유다 지파의 왕으로 옹립되는 중심지

4. 빈 칸에 알맞은 내용을 넣으시오.

> 야곱은 그의 삶의 마지막을 앞두고 자신이 꾸준히 지켜보았던 아들들의 삶의 모습을 기준으로 아들들을 축복합니다. 이 중 요셉에 대한 축복은 이후에 요셉의 아들 (　　　　)과 (　　　　) 둘에게 나눠집니다.

5. 창세기의 상당 부분인 창세기 37장부터 50장까지는 이 사람의 이야기로 채워져 있습니다. 유언이라는 말과 가장 잘 이어지는 이 사람은 가족과 민족을 연결시키는, 창세기와 출애굽기의 연결 다리이기도 한데요, 이 사람은 누구일까요?

6. 막내아우인 베냐민 대신 종으로 남겠으니, 아버지를 위해서 동생은 돌려보내 달라며 총리 요셉 앞에 나선 유다로 인해, 이후 유다와 베냐민의 관계는 서로 뗄 수 없는 돈독한 관계가 되었을 것입니다. 이는 성경 전체의 역사에도 깊게 흐르고 있

는데요, 다음 빈 칸에 들어갈 알맞은 말은 무엇일까요?

유다	베냐민
넷째 형 유다	막내 베냐민
유다 지파인 ( )	베냐민 지파인 요나단
( )왕국은 유다 지파 + 베냐민 지파	
멸망의 위기에 놓은 유다인들	베냐민 지파인 왕후 ( )
유다 지파인 예수님	베냐민 지파인 ( )

7. 빈 칸에 알맞은 내용을 넣으시오.

하나님께서는 출애굽한 이스라엘 백성들에게 세계 선교를 향한 꿈의 시작이 담긴 제안을 건네십니다. 그 내용은 바로 이스라엘 백성이 (   )의 특권을 누리며, 열방으로 향하는 (   )가 되는 사명을 감당케 하는 것이었습니다. 이는 세계 선교의 초석이 됩니다.

8. 이곳은 이스라엘 백성들의 최악의 선택이 이루어진 곳입니다. 이곳에서의 잘못된 선택으로 인해 하나님은 가나안 정복 계획을 40년 뒤로 연기하십니다. 이곳은 어디입니까?

9. 모세는 자신이 가나안에 못 들어간다는 사실에도 불구하고,

그의 남은 삶을 소홀히 하지 않습니다. 이 때 만나세대들에게 전해야 할 사항들을 혼신을 다해서 설교하는데, 그 내용이 담긴 성경의 책은 무엇입니까?

10. 모세가 전하는 율법의 핵심은 다음 구절에 잘 나타나 있습니다. 빈 칸에 알맞은 단어를 채우시오.

> "너는 (   )을 다하고 (   )을 다하고 (   )을 다하여 네 하나님 여호와를 (   )하라"(신 6:5)

11. 이스라엘의 가나안 정복 전쟁의 첫 번째 점령지가 된 이 성은 어디입니까?

12. 다음 갈렙의 말을 먼저 들어보십시오.

> "이제 주께서 그날 약속하신 이 산지를 나에게 주십시오. 과연 거기에는 아낙 사람이 있고, 그 성읍은 크고 견고합니다. 그러나 주께서 나와 함께하신다면, 주께서 말씀하신 대로 나는 그들을 쫓아낼 수 있습니다."

여기서 이 산지란 어느 곳입니까?

13. 빈 칸에 알맞은 내용을 넣으시오.

보아스는 자기 밭의 추수꾼들에게 "여호와께서 너희와 함께하시기를 원하노라"라고 인사합니다. 이 축복의 인사는 근간이 되는 말씀은 (   ) 6장 24절-26절입니다.

14. 역사는 사람이 준비되어야 변합니다. 이스라엘 백성들을 출애굽시킬 때 하나님의 사람 모세가 준비되기를 기다리셨던 하나님은 이제 사사 시대의 어두운 흐름을 끊기 위해 이 사람을 준비시키십니다. 이 사람은 누구입니까?

15. 아말렉 사건 이후 하나님께서는 다윗을 세우심으로 이스라엘 공동체의 회복을 계획하십니다. 이후 다윗은 세 번의 기름 부음을 받아 이스라엘 전체의 왕으로 세워집니다. 빈 칸에 알맞은 내용을 채우시오.

순서	내 용
첫 번째	다윗의 집에서 새로운 왕으로서 ( )에게서 기름 부음 받음
두 번째	( )의 장로들로부터 기름 부음 받음
세 번째	( ) 후 이스라엘 왕으로서 기름 부음 받음

16. 빈 칸에 알맞은 내용을 넣으시오.

> 남북분단의 역사를 극복하고 세워진 새로운 통일의 현장에서 다윗은 두 가지 중대한 프로젝트를 추진합니다. 첫 번째 프로젝트는 수도를 (　　　　)으로 옮기는 것이었으며, 두 번째 프로젝트는 (　　　)을 예루살렘 성으로 옮겨 오는 것이었습니다.

17. 빈 칸에 알맞은 수를 넣으시오.

> 솔로몬이 이스라엘을 통치한 40년은 크게 두 시기로 구분됩니다. 전기는 솔로몬이 왕위에 오른 후 내각 정비 (　　)년, 성전 건축 (　　　)년, 궁전 건축 (　　　)년을 마치기까지의 23년간입니다. 이 시기 솔로몬의 통치를 특징짓는 중요한 점은 바로 그가 하나님을 사랑했다는 것입니다.

18. 빈 칸에 알맞은 내용을 넣으시오.

> 솔로몬의 정치적, 신앙적 실패로, 이스라엘은 결국 르호보암 중심의 (　　　)와 여로보암 중심의 (　　　　)로 분열됩니다.

19. 북이스라엘의 오므리는 북왕국의 수도를 이곳으로 정합니다. 이곳의 이름은 무엇입니까?

20. 북이스라엘 국가 전체가 '거룩한 백성 제사장 나라'의 사명과는 도무지 동떨어져 있던 시대, 역사의 어두움이 깊어 가던 여로보암 2세 시대에 하나님께서 보낸 선지자 세 사람은 누구입니까?

21. 다음 복음성가와 관련이 있는 인물은 누구입니까?

> "무화과 나뭇잎이 마르고 포도 열매가 없어도
> 감람나무 열매 그치고 논밭에 식물이 없어도
> 우리의 양떼가 없으며 외양간 송아지 없어도
> 난 여호와로 즐거워하리 난 여호와로 즐거워하리
> 난 구원의 하나님을 인해 기뻐하리라"

22. 바벨론 포로로 끌려가는 것은 영원한 절망이 아닌 잠깐의 징계였습니다. 하나님께서는 바벨론 포로의 교육 기간을 통해 새로운 역사를 여시려는 계획을 가지고 계셨습니다. 이 기간은 몇 년입니까?

23. 사실 바벨론에 끌려간 이들은 좋은 무화과요, 남아 있는 백성들은 나쁜 무화과였습니다. 이 사실을 잘 모른 채, 포로로 끌려가 실망과 좌절의 나날을 보내고 있을 동포들에게 예레미야는 편지를 보내어 바벨론에서의 행동 지침을 알려 줍니

다. 이 편지를 읽고 긴 기간 동안 한결같은 기도와 신앙으로 인내하며 준비했던 대표적인 인물로서 어린 나이에 바벨론 1차 포로로 끌려갔으며 이후 바벨론과 페르시아에서 정치적으로 크게 활동했던 사람은 누구입니까?

24. 튼튼한 보호막이 없으면 안 되는 가장 연약하고 힘없고 가난한 사람들을 위한 사회적 안전망의 역할을 한 것으로, 느헤미야가 재건하기로 마음먹었던 것은 무엇입니까?

25. 다음 두 말씀 사이에 존재하는 시간은 얼마인지 쓰시오.

> "내가 너희를 사랑하였노라 하나 너희는 이르기를 주께서 어떻게 우리를 사랑하셨나이까 하는도다"(말 1:2)
> "하나님이 세상을 이처럼 사랑하사 독생자를 주셨으니 이는 저를 믿는 자마다 멸망치 않고 영생을 얻게 하려 하심이라"(요 3:16)

판쉰하나

〈신약〉 퀴즈 통通바이블

51

1. 에돔 출신으로서 율리우스 카이사르의 아들 옥타비아누스에게 찾아가 아첨하여 '분봉 왕'의 칭호를 받아 유대인의 왕으로 군림했던 사람은 누구입니까?

2. 마태복음 1장 1절의 "아브라함과 다윗의 자손 예수 그리스도의 계보라"에서 각 인물 간의 시간차는 몇 년씩입니까?

3. 가이사 아구스도가 모든 사람들에게 호적하라고 명해서 요

셉과 마리아는 베들레헴으로 갔습니다. 호적하라고 명한 목적은 무엇이었습니까?

4. 다음의 말을 한 사람은 누구입니까?

> "내가 말한 바 나는 그리스도가 아니요 그의 앞에 보내심을 받은 자라고 한 것을 증언할 자는 너희니라 신부를 취하는 자는 신랑이나 서서 신랑의 음성을 듣는 친구가 크게 기뻐하나니 나는 이러한 기쁨이 충만하였노라 그는 흥하여야 하겠고 나는 쇠하여야 하리라 하니라"(요 3:28-30)

5. 이곳은 예수님께서 주로 활동하시던 곳입니다. 처음으로 제자들을 만난 곳이기도 합니다. 이곳은 어디입니까?

6. 마가복음 4장에 예수님께서 종일 말씀을 전하시다가 피곤하신 중에서도 쉬지 않으시고 배를 타고 갈릴리 바다를 건너시는 장면을 보게 됩니다. 그 이유는 무엇 때문이었습니까?

7. 예수님께서 마지막 만찬을 하실 때는 유월절이었습니다. 이것은 무엇을 기념하는 절기입니까?

8. 가룟 유다가 예수님을 판 값으로 결국 토기장이의 밭을 사게 될 것임을 예언한 선지자와 예수님께서 잡히시면 제자들이 흩어질 것을 예언한 선지자는 각각 누구입니까?

9. 예수님께서 돌아가셨음을 듣고 빌라도에게 가서 예수님의 시체를 달라고 요청한 사람은 누구입니까?

10. 천사들이 무덤 문을 여는 장면을 목격한 파수꾼들이 진실을 백성들에게 알리지 않고 거짓 증언한 이유는 무엇입니까?

11. 사도행전은 누가 누구에게 쓴 책입니까?

12. 빈 칸에 알맞은 내용을 채우시오.

오직 성령이 너희에게 임하시면 너희가 권능을 받고 ( ) 과 온 ( )와 ( )와 ( )까지 이르러 내 증인이 되리라 하시니라

13. 초대교회가 집사를 세우기 위해 세운 조건은?

14. 빈 칸에 알맞은 내용을 넣으시오.

사도 바울이 첫 번째 전도여행 때에 함께 동역한 사람은 (   ) 이고 2차 전도여행을 떠날 때 함께 동행했던 사람은 (   )이다.

15. 바울이 2차 전도여행 중 고린도에서 머무르는 동안 앞서서 방문했던 곳을 위해 편지를 썼습니다. 신약성경에 있는 서신서 중에 가장 먼저 쓰여진 이 편지는 무엇입니까?

16. 바울의 편지인 에베소서를 에베소 교회에 전해 주는 역할을 맡은 사람은 누구입니까?

17. 디모데후서 서두에서 바울이 아들 디모데에게 적극적으로 권하는 것은 무엇입니까?

18. 빈 칸에 알맞은 내용을 채우시오.

"사랑하는 자여 네 (   )이 잘됨 같이 네가 (   )에 잘되고 강건하기를 내가 간구하노라"

19. 베드로의 편지의 배경에는 이 나라의 박해와 핍박이 있었습니다. 어떤 나라입니까?

20. 읽고, 듣고, 기록된 것을 지키는 자가 복이 있다고 한 책은 무슨 책을 가리키는 것입니까?

판 쉼틀

신앙고백

52

우리의 신앙을 고백하는 글을 정성껏 기록하여 하나님께 드립시다.

〈구약〉 퀴즈 통通 바이블

1. 노아
2. 자손 / 땅
3. 헤브론
4. 에브라임 / 므낫세
5. 요셉
6. 다윗 / 남유다 / 에스더 / 사도 바울
7. 거룩한 백성 / 제사장 나라
8. 가데스 바네아
9. 신명기
10. 마음 / 성품 / 힘 / 사랑
11. 여리고 성
12. 헤브론
13. 민수기
14. 사무엘
15. 사무엘 / 남유다 / 7년 6개월
16. 예루살렘 / 법궤(언약궤)
17. 3 / 7 / 13
18. 남유다 / 북이스라엘
19. 사마리아
20. 아모스, 호세아, 요나
21. 하박국
22. 70년
23. 다니엘
24. 성벽
25. 400년

〈신약〉 퀴즈 통通 바이블

1. 헤롯
2. 1000년, 1000년
3. 세금을 걷기 위해서
4. 세례 요한
5. 갈릴리
6. 거라사 광인을 고치시기 위해
7. 이스라엘 백성들의 출애굽을 기념함
8. 예레미야, 스가랴
9. 아리마대 부자 요셉
10. 대제사장들과 장로들에 의해 많은 돈으로 매수당했기 때문에
11. 누가가 데오빌로에게
12. 예루살렘 / 유대 / 사마리아 / 땅 끝
13. 성령과 지혜가 충만하여, 칭찬받는 사람
14. 바나바, 실라
15. 데살로니가전서
16. 두기고
17. 복음과 함께 고난을 받으라
18. 영혼 / 범사
19. 로마
20. 요한계시록